Edition Dienstleistungsmanagement

Herausgegeben
von
Professor Dr. Stefan Gewald

Hotel-Controlling

Von
Prof. Dr. Stefan Gewald

R. Oldenbourg Verlag München Wien

Die Deutsche Bibliothek - CIP-Einheitsaufnahme

Gewald, Stefan:
Hotel-Controlling / von Stefan Gewald. – München ; Wien :
Oldenbourg, 1999
   (Edition Dienstleistungsmanagement)
   ISBN 3-486-24866-9

© 1999 R. Oldenbourg Verlag
Rosenheimer Straße 145, D-81671 München
Telefon: (089) 45051-0, Internet: http://www.oldenbourg.de

Das Werk einschließlich aller Abbildungen ist urheberrechtlich geschützt. Jede Verwertung außerhalb der Grenzen des Urheberrechtsgesetzes ist ohne Zustimmung des Verlages unzulässig und strafbar. Das gilt insbesondere für Vervielfältigungen, Übersetzungen, Mikroverfilmungen und die Einspeicherung und Bearbeitung in elektronischen Systemen.

Gedruckt auf säure- und chlorfreiem Papier
Gesamtherstellung: WB-Druck, Rieden

ISBN 3-486-24866-9

Inhaltsverzeichnis

Abbildungsverzeichnis VII

1.	**Einführung**	1
1.1.	Bedeutung des Hotel-Controlling	1
1.2.	Begriff des Hotel-Controlling	1
2.	**Betriebswirtschaftliche Grundlagen**	4
2.1.	Besonderheiten der Hotellerie	4
2.2.	Unternehmensformen der Hotellerie	5
2.3.	Corporate Identity	8
2.4.	Strategische Grundausrichtungen in der Hotellerie	10
2.5.	Marketing-Mix	11
2.6.	Qualität	13
2.7.	Rechnungswesen	14
3.	**Operatives Controlling**	20
3.1.	Jahresabschlüsse	20
3.1.1.	Nach deutschem Recht erstellte Jahresabschlüsse	20
3.1.2.	Nach US-GAAP erstellte Jahresabschlüsse	35
3.2.	Uniform System of Accounts for the Lodging Industry	41
3.3.	Kostenrechnung	44
3.3.1.	Grundlagen der Kostenrechnung	44
3.3.2.	Kostenarten	46
3.3.3.	Kostenrechnungssysteme im Überblick	48
3.3.4.	Ablauf der Kostenrechnung	50
3.3.5.	Grundzüge der Vollkostenrechnung	51
3.3.6.	Grundzüge der Teilkostenrechnung	56

3.4.	Kennzahlenanalyse	60
3.4.1.	Kennzahlen des Gesamtunternehmens	60
3.4.2.	Kennzahlen des Beherbergungsbereichs	68
3.4.3.	Kennzahlen des F&B-Bereichs	72
3.5.	Hotelbetriebsvergleiche	75
3.6.	Investitionsentscheidungen	83
3.7.	Deckungsbeitrags-Flußrechnung im Beherbergungsbereich	90
3.8.	Budgetierung	100
3.8.1.	Grundlagen der Budgetierung	100
3.8.2.	Der Budgetierungsprozeß	102
3.8.3.	Abweichungsanalyse	104
3.8.4.	Zero-Based Budgeting	108
3.9.	Checklisten-Technik	110
3.10.	Nutzwertanalyse	118
3.11.	Service Map-Analyse	119
3.12.	Statistische Auswertungen	120
4.	**Strategisches Controlling**	**128**
4.1.	Strategische Früherkennung	128
4.2.	Portfolio-Analyse	129
4.3.	Produktlebenszyklusbetrachtungen	131
4.4.	Beschwerdemanagement	132
4.5.	Messung von Kundenzufriedenheit	133
4.6.	Benchmarking	140

Englische Fachbegriffe der Hotellerie 147

Englische Fachbegriffe des Controlling 157

Literaturverzeichnis 165

Stichwortverzeichnis 169

Abbildungsverzeichnis

Abbildung 1: Corporate Identity 8
Abbildung 2: Marketing-Mix 12
Abbildung 3: Hotelqualität 13
Abbildung 4: Begriffsebenen des Rechnungswesens 16
Abbildung 5: Struktur von Bilanz und GuV 21
Abbildung 6: Aktivseite der Bilanz 27
Abbildung 7: Passivseite der Bilanz 28
Abbildung 8: GuV nach dem Umsatzkostenverfahren 30
Abbildung 9: GuV nach dem Gesamtkostenverfahren 31
Abbildung 10: Aktivseite der IFA Hotel & Touristik AG 1996 32
Abbildung 11: Passivseite der IFA Hotel & Touristik AG 1996 33
Abbildung 12: GuV der IFA Hotel & Touristik AG 1996 34
Abbildung 13: US-amerikanische Rechnungslegungsinstitutionen 36
Abbildung 14: Anforderungen an die US-amerikanische Rechnungslegung 38
Abbildung 15: Bilanz nach US-GAAP 39
Abbildung 16: GuV nach US-GAAP 41
Abbildung 17: Methoden der Gemeinkostenverteilung 52
Abbildung 18: Beispiel zur Gemeinkostenverteilung 54
Abbildung 19: ROI-Kennzahlensystem 67
Abbildung 20: Orientierungswerte für Stadthotels normaler Ausstattung 1995 77
Abbildung 21: Orientierungswerte für Stadthotels gehobener Ausstattung 1995 78
Abbildung 22: Orientierungswerte für Stadthotels mit First-Class Ausstattung 1995 79

Abbildung 23:	Orientierungswerte für Hotels Garnis normaler Ausstattung 1995	80
Abbildung 24:	Orientierungswerte für Hotels Garnis gehobener Ausstattung 1995	81
Abbildung 25:	Orientierungswerte für Apartmenthotels ohne Gastronomie 1995	82
Abbildung 26:	Bedeutung der Deckungsbeitrags-Flußrechnung Beherbergung	90
Abbildung 27:	Definition des Deckungsbeitrags in der Deckungsbeitrags-Flußrechnung Beherbergung	91
Abbildung 28:	Zielsetzung der Deckungsbeitrags-Flußrechnung Beherbergung	92
Abbildung 29:	Ausgangsdaten des Beispiels zur Deckungsbeitrags-Flußrechnung Beherbergung	93
Abbildung 30:	Gesamtergebnis in Matrixform	98
Abbildung 31:	Beitrag der Einflußgrößen zur Ergebnisabweichung in Diagrammform	99
Abbildung 32:	Beitrag der Segmente zur Ergebnisabweichung in Diagrammform	99
Abbildung 33:	Abweichungsanalyse	105
Abbildung 34:	Checkliste Reservierung	111
Abbildung 35:	Checkliste Check-In	112
Abbildung 36:	Checkliste Zimmer	113
Abbildung 37:	Checkliste Etagenservice	114
Abbildung 38:	Checkliste Allgemeine Dienstleistungen	115
Abbildung 39:	Checkliste Restaurant	116
Abbildung 40:	Checkliste Check-Out	117
Abbildung 41:	Service Map einer Hotelübernachtung	119
Abbildung 42:	Regressionsgerade	125
Abbildung 43:	Boston-Portfolio	129
Abbildung 44:	Kundenzufriedenheits-Portfolio	130

Abbildung 45:	Produktlebenszykluskurve	131
Abbildung 46:	Beschwerdemanagement	132
Abbildung 47:	Kundenzufriedenheits-Ranking	134
Abbildung 48:	Mittelwerte der Kundenzufriedenheiten	134
Abbildung 49:	Gegenüberstellung der Mittelwerte der Kundenzufriedenheiten zweier Zielgruppen	135
Abbildung 50:	Beispiel eines zielführenden Fragebogens	138
Abbildung 51:	Beispiel eines problematischen Fragebogens	139
Abbildung 52:	Benchmarkingprozeß	142
Abbildung 53:	Benchmarking Personal	143
Abbildung 54:	Benchmarking Empfang	144
Abbildung 55:	Benchmarking Zimmer	145
Abbildung 56:	Benchmarking Restaurant	146

1. Einführung

1.1. Bedeutung des Hotel-Controlling

Die Hotellerie ist durch einen hohen Wettbewerbsdruck gekennzeichnet. Dabei spricht einiges dafür, daß dieser für viele Unternehmen sehr schwierige Zustand auf Dauer angelegt ist. So ist weder angebotsseitig noch nachfrageseitig eine Entspannung der Marktlage in Aussicht. Es werden weiterhin zusätzliche Kapazitäten aufgebaut, und dies in einer Zeit, in der das Nachfragerverhalten, insbesondere in Form einer gestiegenen Sensibilität für Preis-Leistungs-Relationen, für sich genommen bereits eine Belastung von Belegungsquote und Zimmerpreis bedeutet. Neben dem problematischen Verhältnis zwischen Angebot und Nachfrage und den hohen Ansprüchen an Hoteldienstleistungen ist die Hotellerie durch Konzentrationsprozesse geprägt. Auch diese erhöhen den Wettbewerbsdruck in der Branche.

Einhergehend mit der hohen Wettbewerbsintensität des Hotelleriegeschäfts haben sich die Anforderungen an die Entscheidungsträger der Hotellerie verändert. So müssen funktions- und hierarchieübergreifend Managemententscheidungen unter einem höheren Zeitdruck getroffen werden. Hinzu kommt, daß fehlerhafte Entscheidungen in der heutigen Zeit meist sehr problematische Auswirkungen haben, so daß die in der Hotellerie tätigen Führungskräfte ihre Entscheidungen nicht nur schneller, sondern auch besser treffen müssen. Dies gibt dem Hotel-Controlling ein bisher noch nicht da gewesenes Gewicht. So kann Hotel-Controlling maßgeblich dazu beitragen, trotz der inzwischen hohen Wettbewerbsintensität, die auf dem Markt für Hoteldienstleistungen vorherrscht, und der hiermit gestiegenen Schwierigkeit, Führung zielkonform zu gestalten, erfolgreich zu arbeiten.

1.2. Begriff des Hotel-Controlling

Der Inhalt des Begriffs Controlling, der dem US-amerikanischen Sprachraum entstammt, wird nicht einheitlich gesehen. So findet man sowohl in der Praxis als auch in der Literatur eine Vielzahl mehr oder weniger stark voneinander abweichende Auffassungen darüber, was Controlling bedeutet[1]. Ohne auf die einzelnen Begriffsauffassungen näher einzugehen, wird Controlling hier als die Gewinnung und Verarbeitung be-

---
[1] Vgl. hierzu ausführlich Horváth (1996), S. 25 ff.

triebswirtschaftlicher Informationen zur Unterstützung von Managemententscheidungen verstanden.

Aufbauend auf diesem Controllingverständnis wird Hotel-Controlling als die Gewinnung und Verarbeitung hotelbetrieblich relevanter Informationen zur Unterstützung von Managemententscheidungen definiert.

Dabei ist es unerheblich, ob diese Dienstleistung durch spezialisierte Stellen oder durch nicht-spezialisierte Stellen erbracht wird. Damit fallen sowohl die in einer Hotelkette oder einer Hotelkooperation dezentral, das heißt im einzelnen Haus, als auch die in einem mittelständischen Betrieb von dessen Eigentümer geleistete Gewinnung und Verarbeitung hotelbezogener Informationen zur Unterstützung von Managemententscheidungen unter den Begriff des Hotel-Controlling. Hotel-Controlling, so wie es hier verstanden wird, ist also eine Tätigkeit, die unabhängig davon ist, ob sie institutionalisiert ist oder nicht.

Wesentlicher Bestandteil des Hotel-Controlling ist das Management Accounting[2]. Diese durch die US-amerikanische Unternehmenspraxis geprägte Form des Rechnungswesens ist durch die Auffassung gekennzeichnet, daß Rechnungswesen ein Führungsinstrument ist. Es geht damit über das traditionelle Accounting hinaus, welches im wesentlichen Dokumentationsaufgaben erfüllt. Zum Management Accounting sind verschiedene betriebswirtschaftliche Techniken zu rechnen. So sind dem Management Accounting etwa auch Techniken zuzuordnen, die aus der Finanzwirtschaft stammen. Hierzu zählt etwa die Investitionsrechnung, die über den Weg des Management Accounting Eingang in das Hotel-Controlling findet. Neben dem Management Accounting beinhaltet Hotel-Controlling auch Managementtechniken des Marketing. Hierzu gehören Unternehmensanalysen, wie etwa Untersuchungen der Gästezufriedenheit.

Allen Verfahren des Hotel-Controlling ist das Bemühen gemeinsam, die gegenwärtige und zukünftige wirtschaftliche Situation des Unternehmens zu erfassen. Die hiermit beschriebene Schaffung von Transparenz vollzieht sich sowohl auf einer operativen als auch auf einer strategischen Ebene.

In seiner operativen Ausrichtung dient Hotel-Controlling vor allem der Gewinnsteuerung. Ein weiteres Merkmal des operativen Hotel-Controlling ist, daß hier unternehmensinterne Betrachtungen vorherrschen. Hinzu

---

2 Vgl. hierzu ausführlich Coltman (1994).

kommt, daß vor allem quantitative Größen ermittelt werden. Kennzeichnend ist zudem, daß die zu bearbeitenden Probleme relativ gut definiert sind. Ein weiteres Merkmal ist schließlich, daß der den einzelnen Analysen zugrundeliegende Zeithorizont kurz- bis mittelfristig ist.

Die strategische Ausrichtung von Hotel-Controlling beschäftigt sich schwerpunktmäßig mit Fragen der dauerhaften Unternehmenssicherung. Hierzu wird die Umwelt in die jeweiligen Analysen einbezogen. Hinzu kommt, daß die strategische Ausrichtung von Hotel-Controlling den Führungskräften überwiegend qualitative Informationen als Entscheidungshilfe bereitstellt. Die Probleme, die hier betrachtet werden, sind eher schlecht definiert, der Zeithorizont ist langfristig.

2. Betriebswirtschaftliche Grundlagen

2.1. Besonderheiten der Hotellerie

Die Hotellerie weist eine Reihe von Besonderheiten auf[3]. Diese können in allgemeine dienstleistungsspezifische Eigenschaften und in Besonderheiten, die das Hotelleriegeschäft gegenüber anderen Dienstleistungsbereichen aufweist, eingeteilt werden.

Zu den allgemeinen Dienstleistungscharakteristika zählt die Immaterialität der erstellten Produkte. Hinzu kommt die Eigenschaft der Nichtlagerfähigkeit. So kann eine Dienstleistung nicht auf Vorrat produziert werden. Ein weiterer Aspekt ist, daß die Erstellung einer Dienstleistung an die Mitwirkung des Kunden gebunden ist.

Zu den hotelleriespezifischen Eigenschaften zählt zunächst das uno-actu-Prinzip. Hierunter versteht man die Gesetzmäßigkeit, daß die Erstellung hotelbetrieblicher Dienstleistungen an die Anwesenheit des Nachfragers gebunden ist. Hinzu kommt der hohe Anteil an Anlagevermögen, das heißt an langfristig angelegtem Vermögen. Des weiteren ist die Hotellerie durch einen hohen Fixkostenanteil, das heißt durch einen hohen Anteil an Kosten, die sich mit der Beschäftigung nicht verändern, gekennzeichnet[4]. Hieraus und aus der ungleichmäßigen Nachfrage nach hotelbetrieblichen Dienstleistungen resultiert die Eigenschaft der Gewinninstabilität. Dies bedeutet, daß relativ schnell bedeutsame Verluste eintreten, wenn der Umsatz erst einmal unter das Niveau der Fixkosten gefallen ist, wobei sich umgekehrt relativ schnell bedeutsame Gewinne ergeben, wenn die Umsätze die Fixkosten überschritten haben. Hinzu kommt die Standortgebundenheit. So können die hotelbetrieblichen Dienstleistungen nur am Standort des Hotelbetriebs nachgefragt werden. Des weiteren ist eine hohe Komplementarität mit anderen Leistungsträgern zu nennen, zu denen insbesondere andere touristische Leistungsträger und Verkehrsbetriebe zählen. So kann man im Hinblick auf die Inanspruchnahme hotelbetrieblicher Dienstleistungen im Rahmen von Urlaubsreisen von einer touristischen Wertschöpfungskette sprechen, an der neben der Hotellerie Reisebüros, Fluggesellschaften, Reiseveranstalter und Incoming-Agenturen beteiligt sind. Auch im Falle der Inanspruchnahme hotelbetrieblicher Dienstleistungen im Rahmen von Geschäftsreisen werden oft weitere Dienstleistungen

---

[3] Vgl. hierzu ausführlich Dreyer, Dehner (1998), S. 13 ff. und Holleis (1993), S. 23.
[4] Vgl. zum Begriff der Fixkosten Abschnitt 3.3.2.

nachgefragt. Beispielhaft ist hier der Besuch einer Messe zu nennen. Hinzu kommt die Besonderheit der permanenten Leistungsbereitschaft, die in einem engen Zusammenhang mit der bereits dargestellten Fixkostenintensität steht. Zudem ist die Eigenschaft der Personalintensität zu nennen. So muß ein Hotelbetrieb, selbst wenn er Low-Budget-Leistungen anbietet, mit einem Mindestniveau an Personalausstattung arbeiten, das höher liegt als bei den meisten anderen Unternehmen. Dies setzt dem Bestreben, signifikante Kostensenkungen durchzuführen, deutliche Grenzen. Zur Verdeutlichung sei angeführt, daß man in etwa davon ausgehen kann, daß Hotelbetriebe gezwungen sind, über ein Drittel ihres Umsatzes für Personalaufwand zu verwenden. Dabei ist zusätzlich zu berücksichtigen, daß zwischen Personalaufwand und Qualität der hotelbetrieblichen Dienstleistung eine hohe Korrelation besteht, so daß sich Verringerungen des Personalaufwands nur sehr selten ohne negativen Einfluß auf die Qualität realisieren lassen.

2.2. Unternehmensformen der Hotellerie

Die Unternehmen der Hotellerie lassen sich in Gruppen verschiedener Unternehmensformen einteilen[5]. Zunächst sind die selbständig agierenden Privathotels zu nennen. Hinzu kommen Unternehmen, die sich einer Hotelkooperation angeschlossen haben. Des weiteren beeinflussen Hotelkonzerne das Geschehen im Markt.

Die Unternehmensform des selbständig tätigen Privathotels repräsentiert einen Hotelbetrieb, der als mittelständische Einzelunternehmung geführt wird und völlig eigenständig arbeitet. Hierbei fallen Eigentümerfunktion und Managementfunktion zusammen. Kennzeichnend ist hier die Individualität, die dem Gast geboten werden kann. Hinzu kommt als eine weitere Stärke die Flexibilität sowie das hohe persönliche Engagement der Eigentümer, welche einen maßgeblichen Beitrag zur Qualitätssicherung leisten. Problematisch ist hingegen die oftmals geringe Eigenkapitaldecke. Hinzu kommen Wettbewerbsnachteile beim Verkauf. Hieraus ergibt sich ein weiterer Nachteil. Dieser besteht darin, daß die Fixkosten pro verkaufter Dienstleistung sehr hoch sind.

Die zweite Gruppe von Unternehmen ist dadurch gekennzeichnet, daß die Häuser gegen Bezahlung von Beiträgen verschiedene zentral angebotene

---
5 Vgl. hierzu und im folgenden Seitz (1997), S. 39 ff.

Dienstleistungen in Anspruch nehmen sowie eine gemeinsame Marke benutzen. Die Leistungen, die von der Kooperationszentrale angeboten werden, sind vielfältig. So bietet die Entscheidung, sich einer Hotelkooperation anzuschließen, die Möglichkeit, an dem von der Zentrale organisierten Verkauf zu partizipieren. Des weiteren kann der Mitgliedsbetrieb Leistungen in Anspruch nehmen, die auf dem Gebiet der Reservierung liegen. Hinzu kommt Unterstützung im Bereich der Werbung sowie der Verkaufsförderung. Weitere Leistungen sind die Gewährung von Einkaufsvorteilen sowie die Gewährung von Disagio-Vorteilen im Rahmen von Kreditkartenvereinbarungen.

Die Teilnahme an einer Hotelkooperation ist an bestimmte Voraussetzungen gebunden. Nimmt man als Beispiel die größte Hotelkooperation Deutschlands, die Ringhotels, sind hier die folgenden ausgewählt genannten Mitgliedsvoraussetzungen zu erwähnen. Die Häuser, die eine individuelle Note aufweisen sollen, müssen gepflegt sein, betreiben vorzugsweise ein Restaurant mit sehr guter Küche und ergänzen in vorteilhafter Form die Flächendeckung[6].

Bleibt man zur Veranschaulichung der Kosten der Teilnahme an einer Hotelkooperation beim Beispiel der Ringhotels, ergeben sich Belastungen, die sich aus einem Grundbeitrag und einem Zimmerbeitrag zusammensetzen, wobei bei Neueintritt eine einmalige Aufnahmegebühr sowie ein einmaliges, unverzinsliches Darlehen hinzukommt[7].

Hotelkonzerne sind Gesellschaften, die hotelbetriebliche Dienstleistungen unter einer übergreifenden rechtlichen Struktur anbieten. Sie sind durch die Nutzung von Größenvorteilen gekennzeichnet. Hierzu zählt zunächst einmal der Bekanntheitsgrad der Marke. Des weiteren erbringt die Größe der Hotelkonzerne Fixkostendegressionseffekte. Dies sind Vorteile, die

---

6 Quelle: Broschüre der Ringhotels, Stand August 1997
7 Die Kosten einer Ringhotels-Mitgliedschaft setzen sich zum Stand August 1997 konkret wie folgt zusammen: Der jährliche Grundbeitrag beträgt 10.300 DM. Der jährliche Zimmerbeitrag beträgt für Betriebe bis 100 Zimmer 238 DM pro Zimmer, Betriebe, die über mehr als 100 Zimmer verfügen, bezahlen für 100 Zimmer ebenfalls 238 DM pro Zimmer sowie für diejenige Zimmeranzahl, die 100 Zimmer übersteigt, 20 DM pro Zimmer. Liegt beispielsweise ein Betrieb mit 50 Zimmern vor, würde sich hieraus ein jährlicher Mitgliedsbeitrag von 22.200 DM ergeben. Die einmaligen Belastungen des Neueintritts sind die Bezahlung der Aufnahmegebühr, die ein Drittel des Jahresbeitrages beträgt, sowie die Gewährung eines unverzinslichen Darlehens in Höhe eines Viertels des Jahresbeitrages, das bei Austritt zurückbezahlt wird. Quelle: Broschüre der Ringhotels, Stand August 1997

darin bestehen, daß mit wachsender Unternehmensgröße die auf die einzelne hotelbetriebliche Dienstleistung umgelegten Fixkosten sinken. Hinzu kommen Einkaufsvorteile sowie bedeutsame Vorteile im Verkauf.

Hotelkonzerne wenden verschiedene Betriebsformen an[8]. Zunächst ist das Filialsystem zu nennen. Dieses ist dadurch gekennzeichnet, daß die einzelnen Häuser wirtschaftlich und rechtlich unselbständig sind. Die Direktoren sind an die Weisungen der Konzernzentrale gebunden.

Hinzu kommt die Betriebsform, die durch einen Managementvertrag gekennzeichnet ist[9]. Dieser ist ein zwischen einem Hotelgebäudeeigentümer und einer Managementgesellschaft, das heißt einer Gesellschaft, die ein Hotel betreibt, geschlossener Vertrag. Er beinhaltet die für die Managementgesellschaft bestehende Pflicht, ein Hotel, das dem Hotelgebäudeeigentümer gehört, in eigenem Namen, aber im Auftrag und auf Rechnung des Eigentümers zu betreiben, wobei diese Tätigkeit in Form einer Management Fee bezahlt wird. Diese besteht aus einem umsatzabhängigen sowie aus einem ergebnisabhängigen Teil. Der ergebnisabhängige Teil basiert auf dem Betriebsergebnis I[10]. Kennzeichnend sind die folgenden Größenordnungen. Der umsatzabhängige Teil der Management Fee liegt bei ungefähr 3-5 % des um die Umsatzsteuer verminderten Umsatzes. Der ergebnisabhängige Teil beläuft sich auf ungefähr 10 % des erzielten Betriebsergebnisses I.

Eine weitere Betriebsform ist die Führung eines Hotels, das auf Basis eines Pachtvertrags betrieben wird[11]. Diese nicht nur auf die Konzernhotellerie beschränkte Betriebsform sieht vor, daß der Betreiber des Hotels auf eigene Rechnung und auf eigenen Namen handelt sowie dem Eigentümer des Hotels für die Überlassung des Hotels eine Pacht bezahlt. Diese kann fix sein, sie kann an den Umsatz gekoppelt sein oder aus einer fixen und einer variablen Komponente bestehen.

Des weiteren arbeiten Hotelkonzerne mit der Betriebsform des Franchisesystems[12]. Dieses ist durch den Abschluß eines Vertrages gekennzeichnet, der den einen Vertragspartner, den sogenannten Franchisegeber, hier den

---

8 Vgl. hierzu und im folgenden Seitz (1997), S. 75 ff.
9 Vgl. hierzu Martinek (1992), S. 275 ff.
10 Das Betriebsergebnis I ist die Differenz zwischen Umsatz und betriebsbedingten Aufwendungen. Vgl. Abschnitt 3.4.1.
11 Vgl. hierzu Tormyn, Große-Boymann, (1996), S. 45 ff.
12 Vgl. hierzu Martinek (1992), S. 1 ff.

Hotelkonzern, verpflichtet, dem anderen Vertragspartner, dem sogenannten Franchisenehmer, ein sehr umfangreiches Leistungspaket gegen Bezahlung zur Verfügung zu stellen. Die hiermit einhergehende Standardisierung ist sehr hoch. Die Unternehmensführung des Franchisenehmers hat sich ganz an das vom Franchisegeber entwickelte Franchisesystem zu halten.

2.3. Corporate Identity

Die Corporate Identity ist die Persönlichkeit des Hotelbetriebs, die durch sein Verhalten, seine Unternehmenskommunikation und sein Erscheinungsbild geprägt ist. Sie stellt das grundlegende Erfolgspotential des Hotelbetriebs dar[13]. Die Corporate Identity ist stets dynamisch. Das heißt, daß die Corporate Identity nie feststeht, sie entwickelt sich ständig weiter, wobei dieser Prozeß sowohl internen als auch externen Einflüssen unterliegt. Hiervon ist die Vision des Unternehmens abzugrenzen. Eine Vision ist ein Bild einer wünschenswerten und richtungsweisenden Zukunft[14]. Wenngleich Corporate Identity und Vision deutlich voneinander zu unterscheiden sind, so gibt es dennoch einen engen Zusammenhang, der darin besteht, daß bei Vorliegen einer Vision der Hotelbetrieb versuchen wird, seine Corporate Identity entsprechend seiner Vision zu entwickeln.

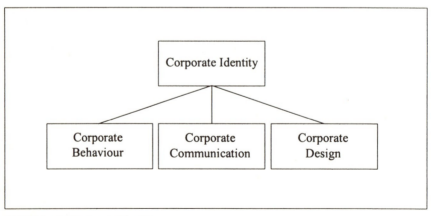

Abbildung 1: Corporate Identity

---

13 Vgl. Preißler (1996), S. 193.
14 Vgl. Hinterhuber, Krauthammer (1997), S. 33.

Das erste Merkmal der Corporate Identity, das Unternehmensverhalten, welches auch Corporate Behaviour genannt wird, bezeichnet den Stil des Verhaltens nach innen und außen. Das nach außen gerichtete Verhalten besteht in der Art und Weise, mit der die hotelbetrieblichen Dienstleistungen erbracht und verkauft werden. Das nach innen gerichtete Verhalten bezieht sich auf die Art und Weise, mit der das Unternehmen gegenüber seinen Mitarbeitern und Führungskräften handelt und wie diese miteinander umgehen. Wichtig ist, daß das Unternehmensverhalten sich abgestimmt darstellt, es sollte ein widerspruchsfreies, abgerundetes Gesamtbild abgeben. Dies gilt für das nach außen und das nach innen gerichtete Unternehmensverhalten.

Das zweite Merkmal der Corporate Identity, die Unternehmenskommunikation, die auch Corporate Communication genannt wird, bezeichnet die Gesamtheit aller verbalen und non-verbalen Austauschformen. Hierunter fällt sowohl die unternehmensinterne Kommunikation als auch die nach außen gerichtete Kommunikation, die in der Marketing-Mix-Komponente Kommunikationspolitik ihren Ausdruck findet[15].

Je widerspruchsfreier die Corporate Communication ist, desto positiver stellt sich die Corporate Identity dar[16]. Zudem ist die Forderung zu nennen, Kommunikation verständlich zu gestalten.

Das dritte Merkmal der Corporate Identity, das Unternehmenserscheinungsbild, das auch als Corporate Design bezeichnet wird, ist der optische Auftritt des Unternehmens[17]. Hierunter fallen etwa die Innen- und Außenarchitektur des Hotelbetriebs und das äußere Erscheinungsbild des Personals.

Alle drei Merkmale der Corporate Identity sollten so gestaltet werden, daß sich ein stimmiges Gesamtbild ergibt. Die einzelnen Merkmale müssen zueinander passen. Dieser ganzheitliche Ansatz darf nicht aus den Augen verloren werden.

Die Corporate Identity des Hotelbetriebs kann in Form eines Unternehmensleitbildes schriftlich formuliert werden. Dieses dient dazu, einen einheitlichen Orientierungsrahmen zu schaffen, an dem die Mitarbeiter

---

15 Vgl. zur Kommunikationspolitik Abschnitt 2.5.
16 Vgl. Preißler (1996), S. 195.
17 Vgl. Hopfenbeck (1997), S. 591.

und Führungskräfte des Hotelbetriebs ihr Verhalten ausrichten können. Insofern wirkt es stabilisierend. Unsicherheiten werden abgebaut, was insbesondere im Hinblick auf die hohe Fluktuation in der Hotellerie von Bedeutung ist. So informiert das Unternehmensleitbild neu in den Hotelbetrieb eintretendes Personal in anschaulicher Art und Weise über die innere und äußere Ausrichtung des Unternehmens, so daß sich der neue Mitarbeiter beziehungsweise die neue Führungskraft schnell zurechtfindet.

Anzumerken ist, daß das Unternehmensleitbild sorgsam zu gestalten ist. Insbesondere sollte der in der Praxis nicht selten vorkommende Fehler vermieden werden, sehr allgemein gehaltene Aussagen mitaufzunehmen. Wenn das Unternehmensleitbild etwas bewirken soll, muß es auf die spezifischen Besonderheiten der Corporate Identity des Unternehmens Bezug nehmen. Leerformeln sind zu vermeiden.

Das Unternehmensleitbild, das zumeist in Form von Unternehmensgrundsätzen formuliert wird, ist zudem als Möglichkeit zu sehen, einen unternehmerischen Wandel von innen heraus zu initiieren. Im Hinblick hierauf ist das Unternehmensleitbild weniger ein Abbild der gegenwärtigen Corporate Identity als vielmehr die Beschreibung einer Zielvorstellung.

2.4. Strategische Grundausrichtungen in der Hotellerie

Für die Hotellerie bietet sich eine Systematisierung der strategischen Grundausrichtungen in drei verschiedene Marktbearbeitungsstrategien an[18].

Die erste Marktbearbeitungsstrategie ist die undifferenzierte Marktbearbeitung. Hier wird weitgehend darauf verzichtet, den hotelbetrieblichen Marketing-Mix nach bestimmten Zielgruppen auszurichten[19]. Es wird versucht, ein Dienstleistungsprogramm anzubieten, dessen Kern, so weit möglich, jeden Gast anspricht.

Dem steht die differenzierte Marktbearbeitung gegenüber. Hier werden verschiedene Zielgruppen definiert, auf die sich der Hotelbetrieb konzen-

---

18 Vgl. hierzu und im folgenden Meffert, Bruhn (1997), S. 185 f.
19 Vgl. zum Marketing-Mix Abschnitt 2.5.

trieren will. Diesen wird ein Dienstleistungsprogramm angeboten, das auf ihre spezifischen Zielvorstellungen zugeschnitten ist.

Die dritte Strategie ist die Strategie des Segment-of-one-approach. Hierunter wird eine Strategie verstanden, die eine einzige bestimmte Zielgruppe in den Vordergrund der hotelbetrieblichen Aktivitäten rückt. Der gesamte Marketing-Mix wird hier nach den Vorstellungen einer Zielgruppe ausgerichtet.

Betrachtet man diese idealtypische Einteilung, ist festzustellen, daß es keine allgemeingültig optimale Strategie gibt. Vielmehr bestimmen die individuellen Bedingungen darüber, welche Strategie der Hotelbetrieb einschlagen sollte. Davon unabhängig ist darauf hinzuweisen, daß sich insgesamt betrachtet eine Tendenz zu einer stärker zielgruppenorientiert ausgerichteten Marktbearbeitung abzeichnet. Dies ist eine Konsequenz der gestiegenen Wettbewerbsintensität. Sie zwingt die Hotelbetriebe immer mehr zu einer deutlichen Positionierung. Diese zu erreichen, ist insofern sehr wichtig, als die hotelbetriebliche Dienstleistung ein im Vergleich zu den Produkten vieler anderer Branchen relativ homogenes Gut darstellt. Hieraus resultiert ein hohes Maß an Substituierbarkeit, das durch Zielgruppenorientierung vermindert werden kann.

2.5. Marketing-Mix

Ähnlich wie der Begriff Controlling weist auch der Begriff Marketing verschiedene Definitionen auf[20]. Ohne auf die einzelnen Begriffsfassungen näher einzugehen, wird Marketing hier als marktorientierte Unternehmensführung verstanden[21]. Diese Form der Unternehmensführung bedient sich verschiedener Instrumente, welche in die Teilbereiche Produktpolitik, Preispolitik, Distributionspolitik und Kommunikationspolitik eingeteilt werden. Die Gesamtheit dieser Bereiche wird als Marketing-Mix bezeichnet.

---

20 Vgl. hierzu Meffert (1998), S. 7 ff.
21 Vgl. zum Marketing von Hotels ausführlich Schaetzing (1997) und Barth, Benden, Theis (1994).

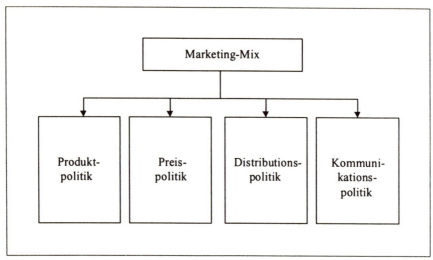

Abbildung 2: Marketing-Mix

Gegenstand der Produktpolitik ist die Gesamtheit aller hotelbetrieblichen Dienstleistungen. Dabei ist zu berücksichtigen, daß das Produkt, welches den Gästen angeboten wird, mehr umfaßt als die rein sachbezogenen hotelbetrieblichen Dienstleistungen. So ist darüber hinaus die Servicebereitschaft, mit der das Hotel den Gästen gegenüber auftritt, zur hotelbetrieblichen Dienstleistung zu rechnen.

Die Preispolitik setzt sich mit der Gestaltung der Entgeltbedingungen auseinander.

Gegenstand der Distributionspolitik ist der Verkauf der hotelbetrieblichen Dienstleistung.

Die Kommunikationspolitik umfaßt diejenigen Marketinginstrumente, die darauf abzielen, ein den Zielen des Hotels förderliches Bild vom Angebot des Unternehmens oder von diesem selbst entstehen zu lassen und bestimmte von diesem getroffene Maßnahmen bekannt zu machen[22].

---

22 Vgl. Dichtl (1997), S. 187. Vgl. zu Corporate Communication Abschnitt 2.3.

2.6. Qualität

Das Hotel-Controlling ist in weiten Teilen bemüht, einen Beitrag zum Qualitätsmanagement des Hotelbetriebs zu leisten. Insofern ist eine Darstellung des hier zugrundeliegenden Verständnisses von Hotelqualität geboten. Es wird eine Auffassung von Hotelqualität vertreten, die sich durch das nachstehende Qualitätsmodell veranschaulichen läßt.

Teilqualitäten	Qualitätsdimensionen	
	Tech-Dimensionen	Touch-Dimensionen
Qualitätsaspekte vor dem Hotelaufenthalt (Potentialqualität)	Architektur, Auszeichnungen etc.	Persönlichkeit und äußeres Erscheinungsbild des Personals etc.
Qualitätsaspekte während des Hotelaufenthalts (Prozeßqualität)	Zimmerausstattung, F&B-Angebot, Tagungseinrichtungen etc.	Atmosphäre, Einstellung und Verhalten des Personals etc.
Qualitätsaspekte nach dem Hotelaufenthalt (Ergebnisqualität)	Check-Out, Transfer etc.	Kommunikative Nachbetreuung etc.

Abbildung 3: Hotelqualität[23]

Das hier beschriebene Verständnis von Hotelqualität weist zwei Aspekte auf, die deutlich herauszustellen sind. Der erste Aspekt ist, daß Hotelqualität sich nicht auf den Zeitraum des Aufenthaltes des Gastes beschränkt. Qualität wird bereits vor dem Aufenthalt und auch nach dem Aufenthalt wahrgenommen. Der zweite Aspekt ist, daß Hotelqualität über die Fähigkeit des Hotelbetriebs hinausgeht, die hinsichtlich seiner Technologie bestehenden Erwartungen zu erfüllen. So ist auch die sogenannte Software des Hotelbetriebs zu berücksichtigen, die in der Wahrnehmung des Gastes sogar oftmals die wichtigere Rolle spielt.

---

[23] Quelle: Meyer, Westerbarkey (1995), S. 392

2.7. Rechnungswesen

Das Managementinstrument Rechnungswesen tritt in zwei Formen auf [24]. Die erste Form ist das externe Rechnungswesen. Die zweite Rechnungswesenform ist das interne Rechnungswesen.

Das externe Rechnungswesen ist durch die Zielsetzung gekennzeichnet, über die wirtschaftliche Situation des Hotelbetriebs zu informieren. Damit es diese Funktion im Sinne einer intersubjektiven Nachprüfbarkeit erfüllen kann, ist das externe Rechnungswesen standardisierend wirkenden Regelungen unterworfen. Das externe Rechnungswesen wendet sich grundsätzlich an alle Anspruchsgruppen des Hotelbetriebs. So informiert diese Rechnungswesenform in Gestalt des Jahresabschlusses Gläubiger, insbesondere Banken, die dem Hotelbetrieb Kredite zur Verfügung stellen, potentielle und tatsächliche Investoren, Finanzbehörden sowie die interessierte Öffentlichkeit [25]. Adressaten sind aber auch die im Unternehmen arbeitenden Entscheidungsträger. So informiert etwa der von einer Hotelkette erstellte Jahresabschluß die in den einzelnen Häusern tätigen Mitarbeiter, Abteilungsleiter und Direktoren über die wirtschaftliche Situation des Gesamtunternehmens. Aus interner Sicht kommt dem Informationsinstrument Jahresabschluß noch eine weitere Bedeutung zu. Diese besteht darin, daß die Jahresabschlüsse anderer Hotelbetriebe, sofern sie aufgrund gesetzlicher Bestimmungen zugänglich sind, einen guten Einblick in deren Geschäftsverlauf bieten. Auf diese Weise können Vergleiche angestellt werden, die den großen Vorteil besitzen, daß sie auf normierten Rechnungslegungsvorschriften basieren. Die von der externen Rechnungslegung erfüllte Funktion läßt sich am besten mit dem Begriff der Rechenschaftslegung beschreiben. Diese Funktion erfüllt sie vor allem gegenüber externen Adressaten, aber, wie hier herausgestellt wurde, auch gegenüber unternehmensinternen Anspruchsgruppen. Die externe Rechnungslegung stellt, insbesondere im Zusammenhang mit dem in der Branche immer wichtiger werdenden Vergleich von Unternehmen, eine Basis für Managemententscheidungen dar, und ist somit ein für Controllingzwecke einsetzbares Instrument.

Während sich das externe Rechnungswesen vor allem an außenstehende Anspruchsgruppen wendet, richtet sich das interne Rechnungswesen aus-

---

24 Vgl. zur betrieblichen Funktion des Rechnungswesens ausführlich Wöhe (1996), S. 963 ff. und Kunz (1986).
25 Vgl. zum Jahresabschluß Abschnitt 3.1.

schließlich an interne Adressaten. Seine Funktion ist es, den im Hotel tätigen Entscheidungsträgern Informationen an die Hand zu geben, die es ihnen ermöglichen, ein zielkonformes Management zu realisieren. Diese Rechnungswesenform ist nicht an von außen gesetzte Regelungen gebunden. Hier ist es dem Unternehmen freigestellt, wie es verfahren möchte. So kann der Hotelbetrieb sogar ganz darauf verzichten, ein internes Rechnungswesen einzurichten. Wenn er sich dafür entscheidet, internes Rechnungswesen zu betreiben, kann er dies in jeder ihm sinnvoll erscheinenden Art und Weise tun. Bestandteile des internen Rechnungswesens sind die Kostenrechnung sowie verschiedene andere Formen der Informationsgewinnung, wie etwa die Budgetierung[26]. Beide Rechnungswesensysteme, sowohl das externe Rechnungswesen als auch das interne Rechnungswesen, basieren auf der Buchhaltung, die der Hotelbetrieb in jedem Fall einrichten muß.

Des weiteren sind die Abbildungsobjekte des Rechnungswesens im Hotelbetrieb zu beleuchten. Bei der für die Implementierung und Durchführung eines hotelbetrieblichen Rechnungswesens wichtigen Schaffung begrifflicher Klarheit ist zunächst zwischen Stromgrößen und Bestandsgrößen zu differenzieren. Stromgrößen sind Zahlungs- und Leistungsvorgänge, die sich innerhalb einer bestimmten Zeit ereignen. Bestandsgrößen sind Vermögenswerte und Werte an Kapital. Dabei gilt folgender Zusammenhang. Stromgrößen führen zu einer Veränderung von Bestandsgrößen.

Die im Hotelbetrieb auftretenden Stromgrößen lassen sich in vier verschiedene Ebenen unterteilen[27].

Die erste Ebene umfaßt das Begriffspaar 'Einzahlungen und Auszahlungen'. Hiermit sind Stromgrößen beschrieben, die zu einer Veränderung des Zahlungsmittelbestandes, das heißt der Summe aus Kassenbeständen und jederzeit verfügbaren Bankguthaben führen. Dabei sind Einzahlungen solche Stromgrößen, die zu einer Erhöhung des Zahlungsmittelbestandes führen, wohingegen Auszahlungen dadurch gekennzeichnet sind, daß sie eine Verringerung des Zahlungsmittelbestandes bewirken.

---

26 Vgl. zur Kostenrechnung Abschnitt 3.3. Vgl. zur Budgetierung Abschnitt 3.8.
27 Vgl. hierzu und im folgenden Wöhe (1996), S. 972 ff.

16 Betriebswirtschaftliche Grundlagen

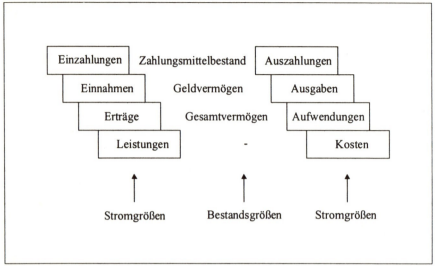

Abbildung 4: Begriffsebenen des Rechnungswesens[28]

Die zweite Begriffsebene enthält das Begriffspaar 'Einnahmen und Ausgaben'. Hier ist das die entsprechenden Begriffe kennzeichnende Bezugsobjekt die Bestandsgröße Geldvermögen, welche die Summe aus Zahlungsmittelbestand und Forderungen abzüglich der vom Hotelbetrieb eingegangenen Verbindlichkeiten ist. Einnahmen sind Stromgrößen, die zu einer Erhöhung des Geldvermögens führen. Ausgaben sind Stromgrößen, die das Geldvermögen reduzieren.

Auf der dritten Begriffsebene befindet sich das Begriffspaar 'Erträge und Aufwendungen'. Die den jeweiligen Begriffsinhalt kennzeichnende Bestandsgröße ist hier das Gesamtvermögen. Diese Bestandsgröße ist die Summe aus Geldvermögen und Sachvermögen. Erträge sind demnach Stromgrößen, die das Gesamtvermögen erhöhen, Aufwendungen sind das Gesamtvermögen verringernde Stromgrößen.

Die vierte Begriffsebene enthält das Begriffspaar 'Leistungen und Kosten'. Hier ist die bei den vorherigen Begriffsebenen praktizierte Begriffsfassung über ein Bezugsobjekt nicht durchführbar. In Ermangelung einer klar abgrenzbaren Bezugsgröße sind folgende eigenständige Definitionen anzu-

---

28 Quelle: In Anlehnung an Wöhe (1996), S. 982

führen. Kosten sind leistungsbedingte Werteverzehre. Leistungen sind betriebsbedingte Wertzuwächse[29].

Das hier dargestellte Begriffssystem kann durch die Betrachtung verschiedener betriebswirtschaftlicher Situationen veranschaulicht werden.

Hierbei ist zunächst der Fall zu beleuchten, daß der Hotelbetrieb Einzahlungen, aber keine Einnahmen erzielt. Es muß sich also um Vorgänge handeln, bei denen es zu einer Erhöhung des Zahlungsmittelbestandes kommt, ohne daß die Höhe des Geldvermögens verändert wird. Diese Konstellation kann nur dadurch bewirkt werden, daß die Erhöhung des Zahlungsmittelbestandes durch eine in entgegengesetzter Richtung wirkende Veränderung der Geldvermögenskomponenten Forderungen und Verbindlichkeiten kompensiert wird. Ein konkretes Beispiel für diesen Fall ist die Aufnahme eines Kredits. Nimmt das Hotel einen Kredit in Anspruch, bekommt es den aufgenommenen Betrag bar ausbezahlt oder auf ein Girokonto überwiesen. Damit erhöht sich der Zahlungsmittelbestand. Folglich liegt eine Einzahlung vor. Gleichzeitig steigen aber die Verbindlichkeiten des Unternehmens genau um den Betrag an, in dessen Höhe sich der Zahlungsmittelbestand erhöht, so daß das Geldvermögen des Hotelbetriebs konstant bleibt, womit keine Einnahme vorliegt.

Zudem ist der Fall zu beschreiben, daß das Hotel Einzahlungen erzielt, die gleichzeitig Einnahmen sind. Hier ist ein Geschäftsvorfall gegeben, der dadurch gekennzeichnet ist, daß die Erhöhung des Zahlungsmittelbestandes von keiner kompensierenden Veränderung der restlichen Bestandteile des Geldvermögens begleitet ist. Ein konkretes Beispiel für diese Konstellation ist die in liquider Form realisierte Zuführung von Eigenkapital durch die Hoteleigentümer. Hier wird der Zahlungsmittelbestand des Hotels erhöht, ohne daß gleichzeitig die Verbindlichkeiten des Unternehmens um den gleichen Betrag ansteigen oder dessen Forderungen in gleichem Ausmaß geringer werden.

Der nächste Fall ist, daß der Hotelbetrieb Einnahmen, aber keine Einzahlungen erzielt. Hiermit sind Geschäftsvorfälle angesprochen, die das Geldvermögen erhöhen, ohne den Zahlungsmittelbestand zu verändern. Diese Situation kann nur dann eintreten, wenn sich einer der Bestandteile des Geldvermögens verändert, der nicht Teil des Zahlungsmittelbestandes ist. Ein hotelbetriebliches Beispiel für diesen Fall ist der Verkauf von

---

29 Vgl. zu den Begriffen Kosten und Leistungen Abschnitt 3.3.1.

Dienstleistungen, die nicht unmittelbar bezahlt werden müssen, sondern bei denen dem Gast ein Zahlungsziel eingeräumt wird. Hier werden die flüssigen Mittel nicht verändert, die Forderungen, die das Hotel hat, nehmen um den Verkaufspreis zu, so daß das Geldvermögen größer wird, ohne daß der Zahlungsmittelbestand angestiegen ist.

Ein weiterer Fall, welcher der Veranschaulichung der Notwendigkeit zur präzisen begrifflichen Abgrenzung dient, ist die Situation, daß das Hotel Einnahmen, aber keine Erträge erzielt. Damit sind Geschäftsvorfälle beschrieben, die durch eine Erhöhung des Geldvermögens und eine in Höhe des gleichen Betrages eintretende Verminderung des Sachvermögens gekennzeichnet sind. Diese Situation ist etwa gegeben, wenn das Hotel Waren zu dem Preis verkauft, zu dem es diese Waren auch eingekauft hat. Hier kommt es zu einer Verminderung des Sachvermögens, die durch eine betragsgleiche Erhöhung des Geldvermögens kompensiert wird.

Zudem ist der Fall zu nennen, daß das Hotel Einnahmen und gleichzeitig Erträge erzielt. Solche Situationen sind dadurch gekennzeichnet, daß sowohl das Geldvermögen als auch das Gesamtvermögen des Unternehmens ansteigen, was nur möglich ist, wenn es zu keiner der Erhöhung des Geldvermögens entgegenstehenden betragsgleichen Verminderung des Sachvermögens kommt. Um diesen Fall zu verdeutlichen, soll noch einmal auf das Beispiel des Verkaufs von Waren zurückgegriffen werden. Hat das Hotel Waren zu einem über dem Einkaufspreis liegenden Verkaufspreis an den Gast weitergegeben, so liegt in Höhe der mit dem Einkaufspreis multiplizierten Menge eine Verringerung des Sachvermögens vor, das Geldvermögen erhöht sich um die mit dem Verkaufspreis multiplizierten Menge. Damit erhöht sich das Gesamtvermögen um die Differenz zwischen der mit dem Verkaufspreis multiplizierten Menge und der mit dem Einkaufspreis multiplizierten Menge. Diese Differenz ist der vom Hotel erzielte Ertrag.

Schließlich ist der Fall zu erwähnen, daß das Hotel einen Ertrag, aber keine Einnahme erzielt. Diese Konstellation ist immer dann gegeben, wenn es zu einer Erhöhung des Gesamtvermögens kommt, ohne daß der entsprechende Geschäftsvorfall das Geldvermögen verändert. Ein konkretes Beispiel hierfür ist die Werterhöhung von Sachvermögensgegenständen.

Ausgehend von diesem Begriffssystem ist eine weitere, für die Realisierung eines zielkonformen Controlling sehr wichtige Unterscheidung einzuführen. Diese betrifft zunächst einmal zwei Perspektiven, die klar voneinander abzugrenzen sind.

Die erste Perspektive ist die finanzwirtschaftliche Sichtweise. Sie ist dadurch gekennzeichnet, daß ausschließlich Aspekte beleuchtet werden, die zu einer Veränderung von Zahlungsmittelbestand beziehungsweise Geldvermögen führen. Die ins Auge gefaßte Zielgröße ist hier die Liquidität des Hotelbetriebs[30].

Die zweite Perspektive ist die erfolgswirtschaftliche Sichtweise. Sie betrifft das Gesamtvermögen des Hotelbetriebs. Betrachtet man den Hotelbetrieb aus erfolgswirtschaftlicher Perspektive, konzentriert man sich demnach auf die Erträge, welche der Hotelbetrieb erzielt hat, sowie auf die Aufwendungen, die auf den Hotelbetrieb zugekommen sind. Die im Vordergrund der Betrachtungen stehende Zielgröße ist hier der Jahresüberschuß des Hotelbetriebs, welcher die Differenz zwischen allen Erträgen und allen Aufwendungen ist.

Diese beiden grundlegenden Sichtweisen sind klar auseinanderzuhalten. So bedeutet etwa eine zufriedenstellende finanzwirtschaftliche Situation nicht, daß das Unternehmen auch zufriedenstellende Gewinne erwirtschaftet. Vielmehr gilt sogar, daß Liquidität und Jahresüberschuß in der Regel in einem Zielkonflikt stehen. Dies wird offensichtlich, wenn man sich einen Hotelbetrieb vor Augen führt, der hohe Geldsummen auf seinen Girokonten unterhält und diese somit zu keinen beziehungsweise nur sehr geringfügigen Wertsteigerungen beitragen können.

Über die Unterscheidung zwischen finanzwirtschaftlicher und erfolgswirtschaftlicher Perspektive hinaus ist eine weitere Sichtweise herauszustellen. Diese dritte Perspektive ist die Sichtweise, in welcher der Betriebserfolg, das heißt die Differenz zwischen den Leistungen und Kosten des Hotelbetriebs, im Vordergrund der Betrachtungen steht. Die hiermit beschriebene Ebene ist ausschließlich dem internen Rechnungswesen zuzuordnen.

---

30 Der Begriff der Liquidität weist verschiedene Inhalte auf. An dieser Stelle wird der Begriff der Liquidität in der folgenden Ausprägung verwandt: Liquidität ist die Eigenschaft des Hotelbetriebs, seinen Zahlungsverpflichtungen bei Anforderung in jedem Zeitpunkt nachkommen zu können. Vgl. Perridon, Steiner (1997), S. 10.

3. Operatives Controlling

3.1. Jahresabschlüsse

3.1.1. Nach deutschem Recht erstellte Jahresabschlüsse

Das externe Rechnungswesen des Hotelbetriebs basiert auf der von ihm zu unterhaltenden Buchführung[31]. Diese muß verschiedenen Regelungen entsprechen. So ist der Hotelbetrieb dazu verpflichtet, seine Buchführung so einzurichten, daß sie einem sachverständigen Dritten innerhalb angemessener Zeit einen Überblick über die Geschäftsvorfälle und über die Lage des Unternehmens vermitteln kann. Darüber hinaus hat der Hotelbetrieb die Eintragungen in seine Bücher sowie die sonst erforderlichen Aufzeichnungen vollständig, richtig, zeitgerecht und geordnet vorzunehmen. Aufbauend auf der dergestalt einzurichtenden Buchführung hat der Hotelbetrieb einen Jahresabschluß zu erstellen[32]. Sein Umfang richtet sich nach der Rechtsform des Hotelbetriebs. So haben Einzelkaufleute und Personengesellschaften einen Jahresabschluß zu erstellen, der lediglich aus einer Bilanz und einer Gewinn- und Verlustrechnung besteht, wohingegen Kapitalgesellschaften einen Jahresabschluß vorzulegen haben, der neben Bilanz und Gewinn- und Verlustrechnung zusätzlich einen Anhang enthält.

Die erste Komponente des Jahresabschlusses, die Bilanz, ist eine in Kontoform zu erstellende Gegenüberstellung von Vermögen und Kapital. Das Vermögen wird auf der sogenannten Aktivseite, das Kapital auf der sogenannten Passivseite angegeben. Beide Abbildungsobjekte sind Bestandsgrößen. Den besten Zugang zur Bilanz erhält man, wenn man diese als eine Gegenüberstellung von Kapitalverwendung und Kapitalherkunft auffaßt. So informiert die Aktivseite, über welche Vermögensgegenstände der Hotelbetrieb zum Bilanzstichtag verfügt und welchen bilanziellen Wert diese aufweisen, wohingegen die Passivseite darüber Auskunft gibt, wie diese Vermögensgegenstände finanziert werden. Sowohl die Aktivseite als auch die Passivseite ist in zwei Gruppen zu unterteilen. Auf der Aktivseite unterscheidet man zwischen Anlagevermögen und Umlaufvermögen. Unter dem Anlagevermögen sind Vermögensgegenstände zusammenzufassen, die dazu bestimmt sind, dauernd dem Geschäftsbetrieb zu dienen. Das Umlaufvermögen enthält alle anderen Vermögensgegenstände.

---

31 Vgl. hierzu ausführlich Wolfert (1995).
32 Vgl. hierzu und im folgenden Wörner (1998) und Coenenberg (1997).

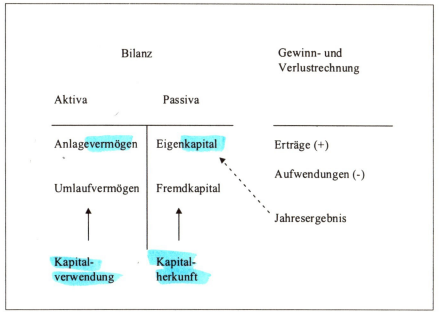

Abbildung 5: Struktur von Bilanz und GuV

Auf der Passivseite wird zwischen Eigenkapital und Fremdkapital unterschieden. Eigenkapital stellt Kapital dar, das entweder von den Eigentümern zur Verfügung gestellt wurde oder im Rahmen der Selbstfinanzierung einbehalten worden ist, wohingegen Fremdkapital Kapital ist, bei dem der Kapitalgeber die Rechtsstellung eines Gläubigers besitzt. Sowohl die Positionen der Aktivseite als auch die der Passivseite werden aufsummiert. Das Ergebnis dieser Summation ist die sogenannte Bilanzsumme. Handelt es sich bei einem Hotel beziehungsweise einer Hotelkette um eine Kapitalgesellschaft, sind bei der Bilanzierung die im HGB beschriebenen Gliederungsvorschriften zu beachten. Diese sehen für große und mittelgroße Kapitalgesellschaften eine sehr differenzierte Form des Ausweises von Vermögen und Kapital vor [33]. Kleine Kapitalgesellschaften müssen eine weniger ausführliche Gliederung erstellen. Wird das Hotel in der Rechtsform des Einzelkaufmanns oder der Rechtsform einer Personengesellschaft betrieben, ist es bei der Bilanzierung nicht an ein Gliederungsschema gebunden, das in aufzählender Form alle Positionen nennt, die auszuweisen sind. Vielmehr gilt hier die Vorschrift, daß das Unternehmen

---

33 Vgl. Abbildung 6 und Abbildung 7.

das Anlagevermögen, das Umlaufvermögen, das Eigenkapital, das Fremdkapital sowie die später noch zu erklärenden Rechnungsabgrenzungsposten gesondert auszuweisen hat und diese auch aufzugliedern sind, wobei nur von einer hinreichenden Aufgliederung gesprochen wird, ohne diese Forderung näher zu präzisieren.

Das zweite Informationsinstrument, die Gewinn- und Verlustrechnung, zeigt auf, welche Erträge und welche Aufwendungen während des Geschäftsjahres entstanden sind. Die Differenz zwischen Erträgen und Aufwendungen ergibt den Jahresüberschuß. Auch hier existieren von Kapitalgesellschaften zu beachtende Vorschriften, die regeln, welche Positionen auszuweisen sind, wobei das Gesetz eine wichtige Differenzierung vornimmt. Es unterscheidet zwischen zwei Gliederungsschemata, von denen das eine das Gesamtkostenverfahren und das andere das Umsatzkostenverfahren ist[34]. Der Unterschied zwischen den beiden Verfahren liegt darin, daß das Gesamtkostenverfahren sämtlichen im abgelaufenen Geschäftsjahr eingetretenen Erträgen sämtliche Aufwendungen des Geschäftsjahres gegenüberstellt, wohingegen das Umsatzkostenverfahren dem effektiven Umsatz die Aufwendungen gegenüberstellt, die für die Erzielung des Umsatzes angefallen sind. Beide Verfahren führen bei gleicher Datenlage zu einem identischen Jahresergebnis. Das Unternehmen kann sich für eine der beiden Formen des Ausweises von Erträgen und Aufwendungen entscheiden.

Das dritte Informationsinstrument ist der Anhang. Diese nur für Kapitalgesellschaften vorgesehene Jahresabschlußkomponente ist vor dem Hintergrund zu sehen, daß Bilanz und Gewinn- und Verlustrechnung der gesetzlich geforderten Aufgabe, ein den tatsächlichen Verhältnissen entsprechendes Bild der Vermögens-, Finanz- und Ertragslage zu vermitteln, alleine nicht ausreichend nachkommen. Die von den beiden Jahresabschlußbestandteilen Bilanz und Gewinn- und Verlustrechnung hinterlassenen Informationsmängel werden durch den Anhang in Form der Erfüllung von vier verschiedenen Aufgaben behoben. Zunächst ist die Interpretationsfunktion zu nennen. Hiermit ist die Aufgabe angesprochen, über Bilanzierungs- und Bewertungsmethoden sowie über Abweichungen von bisher angewandten Methoden zu informieren. Die zweite Aufgabe ist die Korrekturfunktion, die in der quantitativen Berichterstattung über Abweichungen zwischen dem abgelaufenen Geschäftsjahr und dem Vorjahr besteht. Hierdurch wird es dem Jahresabschlußadressaten ermöglicht, zeitliche und

---

34 Vgl. Abbildung 8 und Abbildung 9.

zwischenbetriebliche Vergleiche durchzuführen. Drittens ist die Entlastungsfunktion des Anhangs zu nennen. Diese nimmt der Anhang insofern war, als er Informationen enthält, die zur Wahrung der Übersichtlichkeit aus Bilanz und Gewinn- und Verlustrechnung ausgelagert wurden. Schließlich erfüllt der Anhang eine Ergänzungsfunktion. Hierunter ist die Aufgabe zu verstehen, Informationen zu vermitteln, die in Bilanz- und Gewinn- und Verlustrechnung grundsätzlich nicht abgebildet werden können.

Die Nutzung von Jahresabschlüssen zur Informationsgewinnung ist in der Praxis der Hotellerie nicht unbedingt daran gebunden, daß dem Anwender alle Positionen sowie alle Bewertungsvorschriften im Detail bekannt sind. Ein solides Grundwissen ist ausreichend. Zu den Inhalten, die bekannt sein sollten, zählt, wenn man zunächst mit der Aktivseite der Bilanz beginnt, die Regelung, daß Vermögensgegenstände höchstens mit ihren Anschaffungs- oder Herstellungskosten zu bewerten sind. Dieser maximale Wertansatz, dem im Rahmen der Bilanzierung die Eigenschaft eines Ausgangswertes zukommt, kann nach Maßgabe des sogenannten Niederstwertprinzips unterschritten werden. Dieses tritt in zwei Erscheinungsformen auf. Die erste Form des Niederstwertprinzips ist das strenge Niederstwertprinzip, das für das Umlaufvermögen gilt. Hiernach müssen zum Bilanzstichtag eingetretene Wertminderungen in jedem Fall durch Abwertung berücksichtigt werden. Dies ist auch geboten, wenn die Wertminderung nur vorübergehend ist. Die zweite Form des Niederstwertprinzips ist das gemilderte Niederstwertprinzip, welches für die Bewertung des Anlagevermögens maßgeblich ist. Dieses sieht vor, daß Vermögensgegenstände nur insofern abzuwerten sind, als die für den Ansatz in der Bilanz in Betracht kommende Wertminderung dauerhaft ist. Ist die Wertminderung hingegen von vorübergehender Art, gilt ein Abschreibungswahlrecht, das heißt das Unternehmen kann frei entscheiden, ob es die Wertminderung durch Abschreibung berücksichtigen will oder nicht.

Neben dem hier beschriebenen Niederstwertprinzip gibt es auch das Höchstwertprinzip. Dieses sieht vor, daß für den Fall einer Veränderung des Rückzahlungsbetrages einer Verbindlichkeit stets der höhere Wert anzusetzen ist. Dies bedeutet, daß wenn der Rückzahlungsbetrag einer Verbindlichkeit geringer als ihr ursprünglicher Wert geworden ist, der Ausgangswert anzusetzen bleibt, wohingegen im Fall der Erhöhung des Rückzahlungsbetrages einer Verbindlichkeit der Wertansatz auf den gestiegenen Rückzahlungsbetrag anzuheben ist.

Beide Bewertungsvorschriften sind Ausfluß des Vorsichtsprinzips, welches im deutschen Recht ein sehr hohes Gewicht hat. Es bewirkt, daß das im Jahresabschluß abgebildete Hotel zum Teil erheblich weniger vermögend dargestellt wird, als es gemessen an den zum Bilanzstichtag gültigen Marktwerten ist.

Zu den Jahresabschlußpositionen, die dem in der Hotellerie tätigen Anwender bekannt sein sollten, zählen zunächst die zentralen Posten des Anlagevermögens. Hierunter fallen die Positionen Immaterielle Vermögensgegenstände, Sachanlagen und Finanzanlagen. Immaterielle Vermögensgegenstände sind nicht-körperliche Vermögensgegenstände, wie etwa Konzessionen. Hierbei gilt, daß nur solche immateriellen Vermögensgegenstände aktiviert werden, die gegen Entgelt erworben wurden. Für diese gilt mit Ausnahme des Firmenwertes, bei dem ein Aktivierungswahlrecht existiert, eine Aktivierungspflicht[35]. Die selbst erstellten immateriellen Vermögensgegenstände unterliegen also einem Aktivierungsverbot. Sachanlagen stellen Vermögensgegenstände dar, die körperlicher Art sind. Hierzu zählen etwa Grundstücke, Gebäude und die Geschäftsausstattung. Während die immateriellen Vermögensgegenstände und die Sachanlagen unmittelbar dem Geschäftsbetrieb des Hotelbetriebs dienen, sind Finanzanlagen Vermögensgegenstände, die der Gewinnerzielung außerhalb des operativen Bereichs zuzuordnen sind. Hierzu sind etwa Beteiligungen an anderen Unternehmen zu rechnen.

Das Umlaufvermögen umfaßt die Vorräte, die Forderungen und sonstige Vermögensgegenstände, wobei letztere Vermögensgegenstände sind, die, wie etwa geleistete Kautionen oder gewährte Gehaltsvorschüsse, von keiner anderen Position des Umlaufvermögens berücksichtigt werden. Hinzu kommen die Wertpapiere sowie die flüssigen Mittel. Zu beachten ist, daß die Position Wertpapiere hier nur solche Wertpapiere erfaßt, die kurzfristig gehalten werden.

Die letzte Position der Aktivseite ist die Position Rechnungsabgrenzungsposten. Dieser umfaßt den Teil der vom Hotelbetrieb geleisteten Auszahlungen, der Aufwand für eine bestimmte Zeit nach dem Bilanzstichtag ist. Als Beispiel hierfür sei ein Hotelbetrieb angeführt, der ein zusätzliches Gebäude anmietet und seine Miete stets vier Monate im voraus bezahlt. Würde dieses Unternehmen etwa am ersten Tag des Monats November seine Mietverpflichtungen bezahlen, wäre am Ende des Geschäftsjahres

---

35 Steuerrechtlich unterliegt der Firmenwert einem Aktivierungsgebot.

die Hälfte der getätigten Bezahlung in den Rechnungsabgrenzungsposten einzustellen. Dieser wird im neuen Jahr erfolgswirksam aufgelöst, womit eine korrekte Zurechnung der Aufwendungen auf die jeweiligen Geschäftsjahre erreicht wird.

Die Passivseite der Bilanz umfaßt die Positionen Eigenkapital, Rückstellungen, Verbindlichkeiten und Rechnungsabgrenzungsposten. Das Eigenkapital beinhaltet zunächst das gezeichnete Kapital. Dieses repräsentiert die Summe der vom Unternehmen ausgegebenen Nennwerte. Hinzu kommt die Kapitalrücklage, die vor allem diejenigen Beträge enthält, welche bei der Ausgabe von Unternehmensanteilen über den Nennwert hinaus vereinnahmt wurden. Zur Verdeutlichung sei eine als Aktiengesellschaft firmierende Hotelgesellschaft angeführt, die zu Zwecken der Eigenfinanzierung Aktien ausgibt. Würde diese Gesellschaft die Aktien mit einem Nennwert von 5 DM ausstatten, bei der Emission aber einen Preis von 50 DM erzielen, wäre die Differenz zwischen dem realisierten Verkaufspreis und dem Nennwert in Höhe von 45 DM der Kapitalrücklage zuzuführen. Des weiteren umfaßt das Eigenkapital die Position Gewinnrücklagen. Diese stellen die in der Vergangenheit nicht an die Anteilseigner ausgeschütteten Gewinne der Hotelgesellschaft dar. Sie sind damit das Ergebnis der Selbstfinanzierung des Unternehmens. Der nächste Bestandteil des Eigenkapitals ist die Position Gewinnvortrag beziehungsweise Verlustvortrag. Der Gewinnvortrag beinhaltet Gewinnteile der vergangenen Jahre, die weder den Rücklagen zugeführt noch an die Anteilseigner ausgeschüttet wurden. Der Verlustvortrag umfaßt demgegenüber Verluste der vergangenen Jahre, die weder durch Entnahme aus den Rücklagen noch durch einen Gewinnvortrag ausgeglichen wurden. Die letzte Position des Eigenkapitals ist schließlich das Jahresergebnis, welches die Differenz zwischen den in der Gewinn- und Verlustrechnung abgebildeten Erträgen und Aufwendungen ist. Übersteigen die Erträge die Aufwendungen, wird ein Jahresüberschuß ausgewiesen. Sind die Erträge kleiner als die Aufwendungen, wird ein Jahresfehlbetrag ausgewiesen.

Rückstellungen sind Passivposten, die zur Berücksichtigung von Aufwendungen gebildet werden, die ihren Grund im abgelaufenen Geschäftsjahr haben, aber erst nach dem Geschäftsjahr zu Auszahlungen beziehungsweise Mindereinzahlungen in noch nicht genau bekannter Höhe führen. Dabei ist zwischen Rückstellungen zu unterscheiden, die aufgrund einer Verpflichtung gegenüber Dritten gebildet werden, und Rückstellungen für Aufwendungen. Zu letzteren zählt etwa die Rückstellung für unterlassene Aufwendungen für Instandhaltung. Der Sinn der Rückstellungsbildung liegt darin, Erfolgsminderungen zeitlich korrekt zu erfassen. Wird der Hotelbetrieb in der Zeit nach dem Bilanzstichtag in Höhe der gebildeten Rückstellung in Anspruch genommen, berührt dies die Gewinn- und Verlustrechnung nicht mehr. Der Aufwand wurde bereits antizipiert. Würde die tatsächliche Belastung hingegen geringer sein als die angenommene und durch Rückstellungsbildung erfaßte Belastung oder würde der Grund für die Bildung der Rückstellung ganz wegfallen, müßte dieser Passivposten ertragswirksam aufgelöst werden[36]. Eine zu geringe Rückstellungsdotierung würde dagegen bewirken, daß der Hotelbetrieb noch eine Aufwandsbuchung in Höhe der Differenz zwischen tatsächlicher Inanspruchnahme und Rückstellungshöhe vornehmen müßte.

Der Posten Verbindlichkeiten umfaßt Verpflichtungen des Unternehmens, die am Bilanzstichtag ihrer Höhe und Fälligkeit nach feststehen. Hierbei ist zwischen kurzfristigen, mittelfristigen und langfristigen Verbindlichkeiten zu unterscheiden. Kurzfristige Verbindlichkeiten liegen vor, wenn die Verpflichtung eine Restlaufzeit von einem Jahr hat. Mittelfristige Verbindlichkeiten sind als Verpflichtungen mit Restlaufzeiten zwischen einem und fünf Jahren definiert. Langfristige Verbindlichkeiten sind solche Verbindlichkeiten, deren Restlaufzeit über fünf Jahren liegt.

Die Passivposition Rechnungsabgrenzungsposten umfaßt den Teil der erzielten Einzahlungen, der Ertrag für eine bestimmte Zeit nach dem Bilanzstichtag ist. Als Beispiel hierfür sei ein Hotelbetrieb angeführt, der ein Gebäude vermietet und die ihm zustehenden Mietzahlungen stets vier Monate im voraus erhält. Würde der Mieter etwa am ersten Tag des Monats November bezahlen, dürfte am Bilanzstichtag nur die Hälfte des erzielten Betrages als Ertrag berücksichtigt werden. Die andere Hälfte der Mietzahlung müßte durch Bildung eines passiven Rechnungsabgrenzungspostens abgegrenzt werden. Im neuen Jahr muß der Rechnungsabgrenzungsposten erfolgswirksam aufgelöst werden, womit sich eine korrekte Zurechnung der Erträge auf die einzelnen Geschäftsjahre ergibt.

---

36 Erträge aus der Auflösung von Rückstellungen werden in der Gewinn- und Verlustrechnung unter der Position Sonstige betriebliche Erträge erfaßt. Vgl. die Ausführungen zur Gewinn- und Verlustrechnung in diesem Abschnitt.

Aktivseite der Bilanz

A. Anlagevermögen
  I. Immaterielle Vermögensgegenstände
     1. Konzessionen, gewerbliche Schutzrechte und ähnliche Rechte und Werte sowie Lizenzen an solchen Rechten und Werten
     2. Geschäfts- oder Firmenwert
     3. Geleistete Anzahlungen
  II. Sachanlagen
     1. Grundstücke, grundstücksgleiche Rechte und Bauten einschließlich der Bauten auf fremden Grundstücken
     2. Technische Anlagen und Maschinen
     3. Andere Anlagen, Betriebs- und Geschäftsausstattung
     4. Geleistete Anzahlungen und Anlagen im Bau
  III. Finanzanlagen
     1. Anteile an verbundenen Unternehmen
     2. Ausleihungen an verbundene Unternehmen
     3. Beteiligungen
     4. Ausleihungen an Unternehmen, mit denen ein Beteiligungsverhältnis besteht
     5. Wertpapiere des Anlagevermögens
     6. Sonstige Ausleihungen

B. Umlaufvermögen
  I. Vorräte
     1. Roh-, Hilfs- und Betriebsstoffe
     2. Unfertige Erzeugnisse, unfertige Leistungen
     3. Fertige Erzeugnisse und Waren
     4. Geleistete Anzahlungen
  II. Forderungen und sonstige Vermögensgegenstände
     1. Forderungen aus Lieferungen und Leistungen
     2. Forderungen gegen verbundene Unternehmen
     3. Forderungen gegen Unternehmen, mit denen ein Beteiligungsverhältnis besteht
     4. Sonstige Vermögensgegenstände
  III. Wertpapiere
     1. Anteile an verbundenen Unternehmen
     2. Eigene Anteile
     3. Sonstige Wertpapiere
  IV. Schecks, Kassenbestand, Bundesbank- und Postgiroguthaben, Guthaben bei Kreditinstituten

C. Rechnungsabgrenzungsposten

Abbildung 6: Aktivseite der Bilanz[37]

---

37 Quelle: § 266 Abs. 2 HGB

Passivseite der Bilanz

A. Eigenkapital
I. Gezeichnetes Kapital
II. Kapitalrücklage
III. Gewinnrücklagen
    1. Gesetzliche Rücklage
    2. Rücklage für eigene Anteile
    3. Satzungsmäßige Rücklagen
    4. Andere Gewinnrücklagen
IV. Gewinnvortrag / Verlustvortrag
V. Jahresüberschuß / Jahresfehlbetrag

B. Rückstellungen
    1. Rückstellungen für Pensionen und ähnliche Verpflichtungen
    2. Steuerrückstellungen
    3. Sonstige Rückstellungen

C. Verbindlichkeiten
    1. Anleihen, davon konvertibel
    2. Verbindlichkeiten gegenüber Kreditinstituten
    3. Erhaltene Anzahlungen auf Bestellungen
    4. Verbindlichkeiten aus Lieferungen und Leistungen
    5. Verbindlichkeiten aus der Annahme gezogener Wechsel und der Ausstellung eigener Wechsel
    6. Verbindlichkeiten gegenüber verbundenen Unternehmen
    7. Verbindlichkeiten gegenüber Unternehmen, mit denen ein Beteiligungsverhältnis besteht
    8. Sonstige Verbindlichkeiten
       davon aus Steuern
       davon im Rahmen der sozialen Sicherheiten

D. Rechnungsabgrenzungsposten

Abbildung 7: Passivseite der Bilanz [38]

---

[38] Quelle: § 266 Abs. 3 HGB

Für den Jahresabschluß eines Hotels wichtige Positionen der Gewinn- und Verlustrechnung[39] sind die Posten Umsatzerlöse, Sonstige betriebliche Erträge, Materialaufwand, Personalaufwand, Abschreibungen, Sonstige betriebliche Aufwendungen, Erträge aus Beteiligungen, Erträge aus anderen Wertpapieren und Ausleihungen des Finanzanlagevermögens, Abschreibungen auf Finanzanlagen und auf Wertpapiere des Umlaufvermögens, Zinsen und ähnliche Aufwendungen, Außerordentliche Erträge, Außerordentliche Aufwendungen, Steuern vom Einkommen und vom Ertrag, Sonstige Steuern sowie Jahresüberschuß beziehungsweise Jahresfehlbetrag.

Die Umsatzerlöse repräsentieren die Erlöse aus den Haupttätigkeitsbereichen des Unternehmens. Die sonstigen betrieblichen Erträge sind ein Sammelposten, der unter anderem Erträge aus der Auflösung von Rückstellungen enthält. Die Position Materialaufwand umfaßt die Aufwendungen für bezogene Waren und Leistungen. Unter dem Posten Personalaufwand sind die Aufwendungen für Löhne und Gehälter, die Aufwendungen für soziale Abgaben und die Aufwendungen für Altersversorgung und Unterstützung zusammengefaßt. Die Abschreibungen beinhalten Aufwendungen, die Wertminderungen abbilden[40]. Die sonstigen betrieblichen Aufwendungen stellen einen Sammelposten dar, der unter anderem Aufwendungen für Miete und Pacht sowie Werbeaufwendungen umfaßt. Die Erträge aus Beteiligungen repräsentieren laufende Beteiligungserträge, wie zum Beispiel Dividenden. Die Position Erträge aus anderen Wertpapieren und Ausleihungen des Finanzanlagevermögens ist ein Sammelposten für alle laufenden Erträge des Finanzanlagevermögens mit Ausnahme der Erträge aus Beteiligungen. Die Abschreibungen auf Finanzanlagen und auf Wertpapiere des Umlaufvermögens erfassen alle die den Finanzbereich des Unternehmens betreffenden und in Form einer Aufwandsbuchung berücksichtigten Wertminderungen. Die Position Zinsen und ähnliche Aufwendungen beinhaltet die dem Unternehmen belasteten Fremdkapitalzinsen. Die Positionen Außerordentliche Erträge und Außerordentliche Aufwendungen umfassen solche erfolgswirksamen Vorgänge, die außerhalb der gewöhnlichen Geschäftstätigkeit des Unternehmens liegen. Ein Beispiel für einen solchen Geschäftsvorfall wäre etwa mit einem Hotelbetrieb gegeben, der ein Grundstück zu einem Preis verkauft, der über dem Buch-

---
39 Nachstehend werden nur ausgewählte Positionen der Gewinn- und Verlustrechnung nach dem Gesamtkostenverfahren besprochen. Vgl. zu den Positionen des Umsatzkostenverfahrens Abbildung 8 sowie Coenenberg (1997), S. 343 ff.
40 Hier werden die in der Position 7 genannten Abschreibungsformen erfaßt. Vgl. Abbildung 9.

wert liegt. Die Position Steuern vom Einkommen und vom Ertrag umfaßt Aufwendungen für Körperschaftsteuer und Gewerbeertragsteuer. Die sonstigen Steuern beinhalten die übrigen Steueraufwendungen. Die Position Jahresüberschuß beziehungsweise Jahresfehlbetrag weist schließlich den Saldo aller Erträge und Aufwendungen des Unternehmens aus.

Gewinn- und Verlustrechnung nach dem Umsatzkostenverfahren

1. Umsatzerlöse
2. Herstellungskosten der zur Erzielung der Umsatzerlöse erbrachten Leistungen
3. Bruttoergebnis vom Umsatz
4. Vertriebskosten
5. Allgemeine Verwaltungskosten
6. Sonstige betriebliche Erträge
7. Sonstige betriebliche Aufwendungen
8. Erträge aus Beteiligungen
   davon aus verbundenen Unternehmen
9. Erträge aus anderen Wertpapieren und Ausleihungen des Finanzanlagevermögens
   davon aus verbundenen Unternehmen
10. Sonstige Zinsen und ähnliche Erträge
    davon aus verbundenen Unternehmen
11. Abschreibungen auf Finanzanlagen und auf Wertpapiere des Umlaufvermögens
12. Zinsen und ähnliche Aufwendungen
    davon an verbundene Unternehmen
13. Ergebnis der gewöhnlichen Geschäftstätigkeit
14. Außerordentliche Erträge
15. Außerordentliche Aufwendungen
16. Außerordentliches Ergebnis
17. Steuern vom Einkommen und vom Ertrag
18. Sonstige Steuern
19. Jahresüberschuß / Jahresfehlbetrag

Abbildung 8: GuV nach dem Umsatzkostenverfahren[41]

---

41 Quelle: § 275 Abs. 3 HGB

Gewinn- und Verlustrechnung nach dem Gesamtkostenverfahren

1. Umsatzerlöse
2. Erhöhung oder Verminderung des Bestands an fertigen und unfertigen Erzeugnissen
3. Andere aktivierte Eigenleistungen
4. Sonstige betriebliche Erträge
5. Materialaufwand
   a) Aufwendungen für Roh-, Hilfs- und Betriebsstoffe und für bezogene Waren
   b) Aufwendungen für bezogene Leistungen
6. Personalaufwand
   a) Löhne und Gehälter
   b) Soziale Abgaben und Aufwendungen für Altersversorgung und für Unterstützung
      davon für Altersversorgung
7. Abschreibungen
   a) auf immaterielle Vermögensgegenstände des Anlagevermögens und Sachanlagen sowie auf aktivierte Aufwendungen für die Ingangsetzung und Erweiterung des Geschäftsbetriebs
   b) auf Vermögensgegenstände des Umlaufvermögens, soweit diese die in der Kapitalgesellschaft üblichen Abschreibungen überschreiten
8. Sonstige betriebliche Aufwendungen
9. Erträge aus Beteiligungen
   davon aus verbundenen Unternehmen
10. Erträge aus anderen Wertpapieren und Ausleihungen des Finanzanlagevermögens
    davon aus verbundenen Unternehmen
11. Sonstige Zinsen und ähnliche Erträge
    davon aus verbundenen Unternehmen
12. Abschreibungen auf Finanzanlagen und auf Wertpapiere des Umlaufvermögens
13. Zinsen und ähnliche Aufwendungen
    davon an verbundene Unternehmen
14. Ergebnis der gewöhnlichen Geschäftstätigkeit
15. Außerordentliche Erträge
16. Außerordentliche Aufwendungen
17. Außerordentliches Ergebnis
18. Steuern vom Einkommen und vom Ertrag
19. Sonstige Steuern
20. Jahresüberschuß / Jahresfehlbetrag

Abbildung 9: GuV nach dem Gesamtkostenverfahren[42]

---

42 Quelle: § 275 Abs. 2 HGB

Konzernbilanz der IFA Hotel & Touristik AG zum 31.12.1996

		31.12.1996 DM	31.12.1995 TDM
AKTIVA			
A.	Anlagevermögen		
I.	Immaterielle Vermögensgegenstände		
	Gewerbliche Schutzrechte und ähnliche Rechte und Werte	1.451.036	318
II.	Sachanlagen		
	1. Grundstücke und Bauten	245.850.768	202.646
	2. Technische Anlagen und Maschinen	32.116.662	13.461
	3. Andere Anlagen, Betriebs- und Geschäftsausstattung	47.204.978	29.292
	4. Geleistet Anzahlungen und Anlagen im Bau	14.828.409	13.091
		340.000.817	258.490
III.	Finanzanlagen		
	1. Beteiligungen	0	34
	2. Anteile an assoziierten Unternehmen	2.386.981	3.025
	3. Sonstige Ausleihungen	151.657	0
		2.538.638	3.059
		343.990.491	261.867
B.	Umlaufvermögen		
I.	Vorräte	4.227.856	3.764
II.	Forderungen und sonstige Vermögensgegenstände		
	1. Forderungen aus Lieferungen und Leistungen	13.751.219	11.619
	2. Forderungen gegen Unternehmen, mit denen ein Beteiligungsverhältnis besteht	2.943.742	2.423
	3. Sonstige Vermögensgegenstände	14.282.608	18.686
		30.977.569	32.728
III.	Wertpapiere		
	Sonstige Wertpapiere	1.047.460	2.394
IV.	Schecks, Kassenbestand, Guthaben bei Kreditinstituten	25.926.722	26.171
		62.179.607	65.057
C.	Rechnungsabgrenzungsposten	2.227.558	2.091
		408.397.656	329.015

Abbildung 10: Aktivseite der IFA Hotel & Touristik AG 1996 [43]

---

43 Quelle: Geschäftsbericht 1996 der IFA Hotel & Touristik AG, S. 44

Konzernbilanz der IFA Hotel & Touristik AG zum 31.12.1996

PASSIVA	31.12.1996 DM	31.12.1995 TDM
A. Eigenkapital		
I. Gezeichnetes Kapital	33.000.000	33.000
II. Kapitalrücklagen	48.293.750	48.294
III. Gewinnrücklagen	51.155.020	43.979
IV. Konzerngewinn	7.481.382	6.843
V. Ausgleichsposten für Anteile anderer Gesellschafter	2.680.535	2.342
	142.610.687	134.458
B. Rückstellungen		
1. Steuerrückstellungen	17.258.151	16.090
2. Sonstige Rückstellungen	13.611.589	14.714
	30.869.740	30.804
C. Einlagen stiller Gesellschafter	18.228.082	16.682
D. Verbindlichkeiten		
1. Verbindlichkeiten gegenüber Kreditinstituten	138.856.915	90.093
2. Erhaltene Anzahlungen	1.010.554	1.178
3. Verbindlichkeiten aus Lieferungen und Leistungen	14.514.269	8.423
4. Verbindlichkeiten aus der Annahme gezogener Wechsel und der Ausstellung eigener Wechsel	31.443.939	14.535
5. Verbindlichkeiten gegenüber Unternehmen, mit denen ein Beteiligungsverhältnis besteht	2.232.414	2.124
6. Sonstige Verbindlichkeiten	23.139.090	30.666
	211.197.181	147.019
E. Rechnungsabgrenzungsposten	5.491.966	52
	408.397.656	329.015
F. Haftungsverhältnisse	1.523.946	10.293

Abbildung 11: Passivseite der IFA Hotel & Touristik AG 1996 [44]

---

44 Quelle: Geschäftsbericht 1996 der IFA Hotel & Touristik AG, S. 45

Konzern-Gewinn- und Verlustrechnung der IFA Hotel & Touristik AG zum 31.12.1996

		1996 DM	1995 DM
1.	Umsatzerlöse	156.694.999	140.982
2.	Andere aktivierte Eigenleistungen	95.585	2.769
3.	Sonstige betriebliche Erträge	11.175.304	8.181
4.	Materialaufwand		
	a) Aufwendungen für Roh-, Hilfs- und Betriebsstoffe und für bezogene Waren	21.895.564	20.383
	b) Aufwendungen für bezogene Leistungen	6.646.945	5.859
5.	Personalaufwand		
	a) Löhne und Gehälter	46.299.787	41.370
	b) Soziale Abgaben	10.425.231	9.643
6.	Abschreibungen auf immaterielle Vermögensgegenstände des Anlagevermögens und Sachanlagen	18.781.358	15.424
7.	Sonstige betriebliche Aufwendungen	34.711.385	32.454
8.	Ergebnis der assoziierten Unternehmen	- 288.063	270
9.	Erträge aus Verlustübernahme	0	1.590
10.	Sonstige Zinsen und ähnliche Erträge	874.464	1.256
11.	Zinsen und ähnliche Aufwendungen	11.651.796	8.635
12.	Ergebnis der gewöhnlichen Geschäftstätigkeit	18.716.349	21.280
13.	Steuern vom Einkommen und vom Ertrag	3.914.798	4.862
14.	Sonstige Steuern	1.437.481	1.338
15.	Konzernjahresüberschuß	13.364.070	15.080
	Ergebnisverwendung		
	Konzernjahresüberschuß	13.364.070	15.080
	Gewinnvortrag aus dem Vorjahr	243.205	139
	Einstellung in Gewinnrücklagen	5.472.076	7.666
	Anderen Gesellschaftern zustehendes Ergebnis	653.817	710
	Konzerngewinn	7.481.382	6.843

Abbildung 12: GuV der IFA Hotel & Touristik AG 1996 [45]

---

45 Quelle: Geschäftsbericht 1996 der IFA Hotel & Touristik AG, S. 46

Sowohl aus dem eigenen Jahresabschluß als auch aus den Jahresabschlüssen anderer Unternehmen, die für eine Jahresabschlußanalyse herangezogen werden können, die dem Vergleich des eigenen Unternehmens mit anderen Unternehmen dient, sind eine Vielzahl von Informationen zu gewinnen. Ihr Wert darf allerdings nicht überschätzt werden. So führen die Regelungen der externen Rechnungslegung teilweise zu Wertansätzen, die nicht mit der aktuellen Marktbewertung übereinstimmen. Hinzu kommen die Bilanzierungswahlrechte, die vor allem dann problematisch sind, wenn ein zwischenbetrieblicher Vergleich angestrebt wird. Zudem liegt der Jahresabschluß oftmals erst geraume Zeit nach dem Bilanzstichtag vor, so daß die Aktualität der jeweiligen Informationen zum Teil gering ist. Die Jahresabschlußanalyse unterliegt also deutlichen Restriktionen.

Andererseits ist die Analyse der in Form von Geschäftsberichten zu veröffentlichenden Jahresabschlüsse der Konkurrenz oftmals der einzige Weg, um sich über die wirtschaftliche Situation der Mitbewerber zu informieren. Zudem bietet die Analyse von Jahresabschlüssen einen unkomplizierten und konzentrierten Einblick in die wirtschaftliche Situation des eigenen Unternehmens sowie in die anderer Unternehmen.

3.1.2. Nach US-GAAP erstellte Jahresabschlüsse

Erstrecken sich die Informationsanstrengungen auch auf die Analyse von Jahresabschlüssen US-amerikanischer Hotelgesellschaften, setzt dies ein grundlegendes Wissen über die US-amerikanischen Rechnungslegungsvorschriften voraus[46]. Diese werden unter der Bezeichnung US-GAAP zusammengefaßt[47]. Zwischen der Rechnungslegung nach US-GAAP und der Rechnungslegung nach HGB bestehen deutliche Unterschiede.

So basiert die US-amerikanische Rechnungslegung im Gegensatz zur deutschen Rechnungslegung, die gesetzlich geregelt ist, auf Vorschriften, die von verschiedenen Institutionen erarbeitet wurden[48].

Die US-amerikanischen Rechnungslegungsinstitutionen sind die Securities and Exchange Commission (SEC), der Financial Accounting Standards

---

46 Vgl. hierzu und im folgenden Born (1997), S. 183 ff., Förschle, Kroner, Mandler (1996), S. 3 ff., KPMG (1996) und Ballwieser (1996).
47 US-GAAP ist die Abkürzung für United States-Generally Accepted Accounting Principles.
48 Vgl. KPMG (1996), S. 4 ff. Vgl. Abbildung 13.

Board (FASB) und das American Institute of Certified Public Accountants (AICPA). Die SEC ist eine unabhängige Bundesbehörde, deren Aufgabe darin besteht, den Handel mit Wertpapieren zu überwachen. Diese Wertpapieraufsichtsbehörde hat neben ihrer Überwachungsfunktion die Befugnis, Rechnungslegungsgrundsätze zu erlassen, wobei sie diese Befugnis zunächst an das AICPA, später an das FASB delegiert hat. Das FASB ist eine unabhängige Organisation, die aus sieben hauptberuflichen Mitgliedern besteht. Die Mitglieder kommen aus den Bereichen Wirtschaftsprüfung, Industrie und Wissenschaft. Das AICPA ist die Dachorganisation der US-amerikanischen Wirtschaftsprüfer.

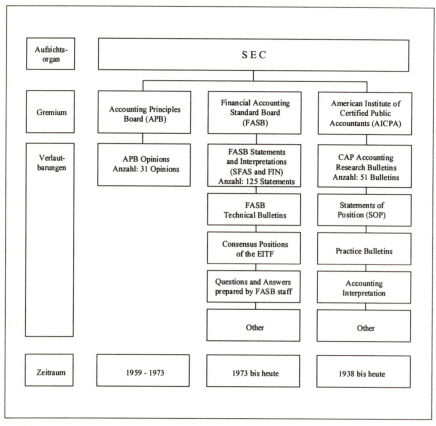

Abbildung 13: US-amerikanische Rechnungslegungsinstitutionen[49]

---

49 Quelle: KPMG (1996), S. 5

Eine weitere Besonderheit besteht darin, daß US-amerikanische Jahresabschlüsse in erheblich geringerem Maße präzisen Form- und Gliederungsvorschriften unterworfen sind, als dies bei deutschen Jahresabschlüssen der Fall ist. Zudem richten sich US-amerikanische Abschlüsse primär an Investoren. Die in der deutschen Rechnungslegung vorherrschende Zielsetzung, gläubigerorientiert zu informieren, tritt demgegenüber in den Hintergrund. Darüber hinaus wird die Rechnungslegung nach US-GAAP ausdrücklich als Grundlage der Beurteilung von Managementqualität gesehen. Des weiteren ist anzumerken, daß die Rechnungslegung nach US-GAAP weitgehend unabhängig von der steuerlichen Gewinnermittlung ist. Die im deutschen Recht gültige Maßgeblichkeit der Handelsbilanz für die Steuerbilanz sowie das im deutschen Recht gültige Prinzip der umgekehrten Maßgeblichkeit sind in den USA weitgehend unbekannt.

Die grundsätzlichen Zielsetzungen der Rechnungslegung nach US-GAAP werden deutlich, wenn man die 'Hierarchy of Accounting Qualities' betrachtet[50]. Sie ist eine systematische Auflistung der Anforderungen, die an die Rechnungslegung gestellt werden. Die wichtigste Anforderung an die nach US-GAAP zur Verfügung gestellten Informationen ist der Grundsatz 'Decision Usefulness'. Diesem wird entsprochen, wenn die Informationen den untergeordneten Grundsätzen 'Relevance' und 'Reliability' entsprechen. Die geforderte Eignung des Jahresabschlusses als Entscheidungsgrundlage wird also daran festgemacht, daß die Informationen nicht nur entscheidungsrelevant, sondern auch zuverlässig sind. Als entscheidungsrelevant gelten die Informationen dann, wenn sie so ausgestaltet sind, daß sie Zukunftsprognosen ermöglichen, frühere Annahmen bestätigen beziehungsweise berichten und rechtzeitig zur Verfügung stehen. Der Grundsatz 'Reliability' ist hingegen erfüllt, wenn die im Jahresabschluß gezeigten Informationen verifizierbar, wahrheitsgemäß und unabhängig von den Darstellungszielen des Unternehmens sind. Hinzu kommen die aus den beiden Grundsätzen 'Relevance' und 'Reliability' abgeleiteten Grundsätze 'Comparability' und 'Consistency', die besagen, daß die Informationen Vergleiche ermöglichen sollen beziehungsweise auf stetigen Bewertungsmethoden zu basieren haben.

---

50 Vgl. Abbildung 14.

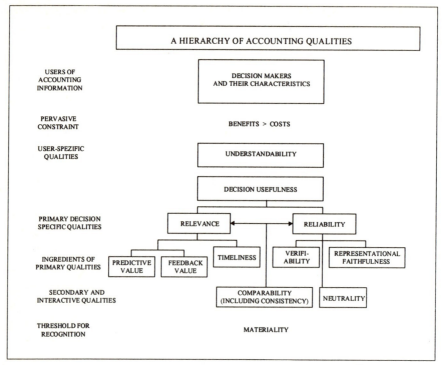

Abbildung 14: Anforderungen an die US-amerikanische Rechnungslegung[51]

Der US-amerikanische Jahresabschluß, der als Full Set of Financial Statements oder auch als Annual Report bezeichnet wird, besteht aus folgenden Komponenten:

- Balance Sheet
- Statement of Income
- Statement of Cash Flows
- Statement of Changes in Stockholders' Equity
- Notes

Die Komponente Balance Sheet ist die nach US-GAAP zu bildende Bilanz. Auf der Aktivseite werden die Assets abgebildet, die als Ressourcen definiert sind, über die das Unternehmen aufgrund eines vergangenen

---

51 Quelle: KPMG (1996), S. 12

Ereignisses verfügt und durch deren Einsatz ein zukünftiger wirtschaftlicher Nutzen zu erwarten ist, womit eine gegenüber dem Inhalt des Begriffs Vermögensgegenstand breiter angelegte Begriffsfassung vorliegt. Hiermit geht einher, daß immaterielle Vermögensgegenstände, sogenannte Intangible Assets, unter bestimmten Voraussetzungen auch dann aktiviert werden dürfen, wenn sie selbst erstellt wurden[52]. Die Assets sind, vergleichbar mit der in der deutschen Rechnungslegung üblichen Einteilung in Anlagevermögen und Umlaufvermögen, in Non-Current Assets und Current Assets unterteilt.

Bilanz nach US-GAAP

Assets	Liabilities and Stockholders' Equity

Current assets
    Cash and cash equivalents
    Marketable securities
    Accounts receivable
    Inventories
    Deferred income tax asset
    Prepaid expenses
	Liabilities
	    Current liabilities
	    Short term borrowings
	    Current portion of long-term
	    debt
	    Accounts payable
	    Income taxes
	    Other accrued liabilities

Property, plant and equipment
    Land and land improvements
    Buildings
    Machinery and equipment
	Long-term debt (less current
	    portion)
	    Deferred income taxes
	    Postretirement benefits other
	    than pensions
	    Other liabilities

Intangible assets	Stockholders' equity Preferred stock
Long term investments	Common stock Additional paid-in capital
Other assets	Retained earnings

Abbildung 15: Bilanz nach US-GAAP[53]

---

52 Die Voraussetzungen sind, daß nach vernünftiger kaufmännischer Beurteilung eine über die Berichtsperiode hinausgehende wirtschaftliche Vorteilhaftigkeit des immateriellen Vermögensgegenstandes erwartet werden kann und die Kosten der Herstellung des immateriellen Vermögensgegenstandes durch zukünftige Erträge abgedeckt werden können.
53 Quelle: Förschle, Kroner, Mandler (1996), S. 9

Auf der Passivseite einer US-GAAP-Bilanz befinden sich die Abbildungsobjekte Liabilities und Stockholders´ Equity. Der Begriff Liabilities umfaßt gegenwärtige Verpflichtungen des Unternehmens, denen ein vergangenes Ereignis zugrunde liegt und deren Erfüllung voraussichtlich zum Abfluß von Ressourcen führen, die wirtschaftlichen Nutzen beinhalten. Liabilities sind sowohl Kapitalbestandteile, die den Charakter einer Verbindlichkeit haben, als auch solche, die die Eigenschaft einer Rückstellung haben. Was die Rückstellungen angeht, ist zu beachten, daß die US-amerikanische Rechnungslegung ausschließlich Pflichtrückstellungen vorsieht und darüber hinaus Rückstellungen nur dann gebildet werden, wenn eine gegenwärtige Verpflichtung gegenüber einem Dritten vorliegt. Die Position Stockholders´ Equity beschreibt das Eigenkapital des Unternehmens.

Das Statement of Income, die US-amerikanische Gewinn- und Verlustrechnung ist als der wichtigste Bestandteil des Jahresabschlusses anzusehen. Die Rechnung beginnt bei den Net sales, welche die durch das Unternehmen erzielten und um Erlösschmälerungen verringerten Umsatzerlöse beinhalten[54]. Als Endergebnis wird das Net income beziehungsweise der Net loss ausgewiesen. Hierunter ist der Jahresüberschuß beziehungsweise der Jahresfehlbetrag des Unternehmens zu verstehen.

Hinzu kommt das Statement of Cash Flows. Diese Komponente ist eine Kapitalflußrechnung, die differenziert nach den Bereichen Operating Activities, Investing Activities und Financing Activities über die Zahlungsströme des Unternehmens informiert.

Des weiteren wird das Statement of Changes in Stockholders´ Equity ausgewiesen. Hier wird über die Veränderungen der einzelnen Eigenkapitalpositionen informiert.

Eine weitere Jahresabschlußkomponente stellen die Notes dar. Diese Komponente ist der Anhang des US-amerikanischen Jahresabschlusses.

---

54 Zu den Erlösschmälerungen zählen etwa die 'Allowances'. Dies sind die vom Unternehmen gewährten Rabatte.

Gewinn- und Verlustrechnung nach US-GAAP

1. Net sales (Operating revenues)
2. Cost of sales (Cost of goods sold)
3. Gross profit (Gross margin)
4. Selling, general and administrative expenses
5. Operating income / loss (Income from operations)
6. Interest income
7. Interest expense
8. Other income
9. Other expenses
10. Income / loss from continuing operations before income taxes
11. Provision for income taxes (income taxes)
12. Income / loss from continuing operations
13. Noncontinuing items (all items net of tax)
    - Discontinued operations
      (less applicable income taxes)
    - Extraordinary items
      (less applicable income taxes)
    - Cumulative effect of changes in accounting principles
      (less applicable income taxes)
14. Net income / loss (Net earnings)

Abbildung 16: GuV nach US-GAAP[55]

3.2. Uniform System of Accounts for the Lodging Industry

Das Uniform System of Accounts for the Lodging Industry, in der Praxis zumeist kurz als Uniform System of Accounts bezeichnet, hat sich seit seiner erstmaligen Veröffentlichung im Jahre 1926 zu dem weltweit bedeutendsten Rechnungslegungssystem der Hotellerie entwickelt. Dabei war es eigentlich gar nicht die Absicht der geistigen Väter des Systems, ein Rechnungslegungssystem zu entwickeln, das über alle Ländergrenzen hinweg bekannt ist und eine Spitzenposition im internationalen Hotel-Controlling einnimmt.

---

55 Quelle: In Anlehnung an Förschle, Kroner, Mandler (1996), S. 49

Blickt man auf die Geburtsstunde des Uniform System of Accounts zurück, ist festzustellen, daß der Entwickler des Systems, die Hotel Association of New York City, nicht mehr wollte, als eine für den damals sehr stark expandierenden New Yorker Hotelmarkt vereinheitlichende Rechnungslegungsgrundlage zu schaffen. Fragt man nach den Gründen für den beispiellosen Erfolg dieses Rechnungslegungssystems, findet man vor allem den Gesichtspunkt, daß das System ständig weiterentwickelt wurde, um es an die im Laufe der Jahrzehnte eingetretenen Veränderungen in der Branche anzupassen. Erst vor kurzem wurde wieder eine neue Auflage veröffentlicht, mit der eine nochmalige Verbesserung des Systems erreicht werden konnte. Das Uniform System of Accounts for the Lodging Industry, welches vor der jetzigen neunten Auflage den Namen Uniform System of Accounts for Hotels trug, wird schon seit langem nicht mehr nur in den USA, geschweige denn nur im New Yorker Hotelmarkt eingesetzt. So sind die US-amerikanischen Hotelketten schon seit langem dazu übergegangen, das System auf internationaler Ebene zu nutzen. Auch immer mehr nicht der US-amerikanischen Hotellerie zuzurechnende Häuser finden den Weg zu diesem Rechnungslegungssystem.

Das Uniform System of Accounts ist ein Handbuch, das sowohl zu Zwecken der externen Rechnungslegung als auch zu Zwecken der internen Rechnungslegung verwendet werden kann. Es weist verschiedene Abschnitte auf[56]. Der erste Abschnitt umfaßt die für Hotels wichtigen Financial Statements. Hierzu zählt zunächst die Komponente Balance Sheet. Dieses Financial Statement entspricht weitgehend der Bilanz, wie sie unter Anwendung der US-GAAP allgemein aufzustellen ist. Das zweite Financial Statement ist das Statement of Income. Dieses weist eine Struktur auf, die ausdrücklich zwischen Profit Center und Service Center unterscheidet. Profit Center sind abrechnungstechnische Einheiten, die auf selbständige Gewinnerzielung ausgerichtet sind. Hierzu zählen vor allem die Bereiche Beherbergung und F&B. Sie werden als Operated Departments bezeichnet. Service Center sind abrechnungstechnische Einheiten, deren Aufgabe darin besteht, die Profit Center bei der Erzielung von Gewinnen zu unterstützen.

Hierauf aufbauend werden zunächst den erzielten Umsätzen die den Profit Center direkt zurechenbaren Belastungen gegenübergestellt. Das hieraus jeweils resultierende Ergebnis wird für jedes einzelne Profit Center ausge-

---

56 Vgl. hierzu und im folgenden Educational Institute of the American Hotel & Motel Association (1996).

wiesen[57]. Nach dieser in sich abgeschlossenen Teilrechnung, an deren Ende die summierten Ergebnisse aller Profit Center stehen, folgt die Angabe der Undistributed Operating Expenses, die zu einer weiteren Zwischengröße zusammengefaßt werden[58]. Sodann werden die Fixed Charges abgezogen. Hierbei handelt es sich um Belastungen, die weder den Profit Center noch den Service Center direkt zurechenbar sind[59].

Die nächsten Financial Statements sind das Statement of Owners' Equity, das Statement of Cash Flows sowie die Komponente Notes. Diese Statements entsprechen wieder weitgehend den entsprechenden allgemeinen US-GAAP-Statements.

Im Anschluß hieran folgt der sehr umfangreiche Teil Departmental Statements. Diese Financial Statements sind als Detaillierungen des Statement of Income aufzufassen. So wird für jede Position des Statement of Income, welches die einzelnen Umsätze und Belastungen in aggregierter Form darstellt, ein gesondertes Schema angegeben, das alle hotelbetrieblich relevanten Einzelpositionen nennt[60].

An den Abschnitt Financial Statements schließt sich der Teil Financial Analysis an. Hier finden sich verschiedene Inhalte wieder, die von ausführlichen Kennzahldefinitionen bis hin zu Ausführungen über Formen der Gemeinkostenverteilung reichen. Am Ende des Handbuchs befinden sich schließlich die Abschnitte Recording Financial Information, Expenses Dictionary und Sample Set of Uniform System Statements. Diese Abschnitte, wenngleich gegenüber den vorherigen Teilen von geringerer Bedeutung, runden das Uniform System of Accounts for the Lodging Industry zu einem praktikablen Instrument des Hotel-Controlling ab.

---

57 Das Ergebnis eines Profit Center errechnet sich, indem man von der Position Net Revenues die Positionen Cost of Sales, Payroll and Related Expenses sowie Other Expenses abzieht. Vgl. hierzu ausführlich Educational Institute of the American Hotel & Motel Association (1996).
58 Die Position Undistributed Operating Expenses setzt sich aus den Unterpositionen Administrative and General, Marketing, Property Operation and Maintenance und Utility Costs zusammen. Vgl. hierzu ausführlich Educational Institute of the American Hotel & Motel Association (1996).
59 Die Fixed Charges setzen sich aus den Unterpositionen Rent, Taxes, Insurance, Interest Expenses und Depreciation and Amortization zusammen. Vgl. hierzu ausführlich Educational Institute of the American Hotel & Motel Association (1996).
60 Insgesamt werden 30 Schemata angeboten. Vgl. hierzu ausführlich Educational Institute of the American Hotel & Motel Association (1996).

3.3. Kostenrechnung

3.3.1. Grundlagen der Kostenrechnung

Die Kostenrechnung, welche ein zentrales Element des betrieblichen Rechnungswesens darstellt, ist ein Controllinginstrument, das die Aufgabe zu erfüllen hat, die Entscheidungsträger des Unternehmens mit quantitativen Informationen über den Geschäftsprozeß zu versorgen. Dabei ist im Einklang mit dem hier skizzierten Controllingverständnis die Forderung zu erheben, Kostenrechnung möglichst entscheidungsorientiert zu konzipieren sowie zu realisieren, das heißt, Kostenrechnung muß dem Anspruch genügen, die Verantwortlichen des Unternehmens durch die Bereitstellung umsetzungsfähiger und entscheidungsverbessernder Ergebnisse unterstützen zu können.

Kosten sind als leistungsbedingter Werteverzehr zu verstehen[61]. Damit liegen drei konstitutive Merkmale vor:

- Leistungen
- Leistungsbedingtheit
- Werteverzehr

Diese Merkmale bedürfen einer eingehenderen Erläuterung. Zunächst sind die Begriffe Leistungen und Leistungsbedingtheit zu definieren. Leistungen sind Wertzuwächse, die als Ergebnis der Realisierung des regulären Produktions- und Absatzprogramms des Hotelbetriebs eintreten, womit ein Rahmen beschrieben ist, der immer dann überschritten wird, wenn ein Hotelbetrieb Wertzuwächse erfährt, deren Ursprung außerhalb der hoteltypischen Dienstleistungen liegt. Würde ein Hotelbetrieb etwa Wertzuwächse aus dem Verkauf von Grundstücken erzielen, wären diese Wertzuwächse nicht als Leistungen zu qualifizieren. Erzielt der Hotelbetrieb hingegen Wertzuwächse aus den Dienstleistungen Beherbergung oder F&B, wären die damit erreichten Wertzuwächse Leistungen im Sinne der Kostenrechnung. Leistungsbedingtheit liegt vor, wenn Werteverzehre im Zusammenhang mit der Erzielung von Leistungen entstanden sind.

---

61 Vgl. hierzu und im folgenden Heinen, Dietel (1991), S. 1165 ff.

Darüber hinaus ist der Begriff des Werteverzehrs zu klären, wobei hier zwei verschiedene Auffassungen zu unterscheiden sind[62]. Das erste Verständnis von Werteverzehr basiert auf der Grundannahme, daß Werteverzehre nur insofern gegeben sind, als mit ihnen eine Auszahlung einhergeht. Werden Kosten so definiert, spricht man vom pagatorischen Kostenbegriff. Das zweite Verständnis von Werteverzehr ist dadurch gekennzeichnet, daß Werteverzehre in einem Ausmaß vorliegen, das Ergebnis eines vom Unternehmen durchgeführten Bewertungsprozesses ist. Werden Kosten in dieser Weise aufgefaßt, spricht man vom wertmäßigen Kostenbegriff. Die beiden sich in der Definition des Begriffs Werteverzehr unterscheidenden Kostenbegriffe lassen sich an Hand eines Beispiels verdeutlichen.

Die Direktion eines Hotelbetriebs überlegt, eine Renovierung des hoteleigenen Schwimmbades durchzuführen. Dieses Schwimmbad steht den Hotelgästen zur kostenlosen Benutzung frei. Passanten hingegen haben für die Benutzung zu bezahlen. Die Auszahlungen für Renovierung belaufen sich auf 20.000 DM. Hinzu kommt, daß die Renovierung eine einwöchige Schließung des Schwimmbads erfordern würde, womit Erträge in Höhe von 2.000 DM, welche die externen Schwimmbadbenutzer bezahlt hätten, nicht vereinnahmt werden könnten. Legt man nun den pagatorischen Kostenbegriff zugrunde, würden Kosten in Höhe von 20.000 DM vorliegen. Macht man sich hingegen den wertmäßigen Kostenbegriff zu eigen, könnte man im Rahmen eines Bewertungsprozesses zu der Entscheidung kommen, Kosten in Höhe von 22.000 DM anzusetzen. Man könnte aber auch zu der Überzeugung gelangen, daß der Sachverhalt, daß die eigenen Gäste weniger zufrieden mit ihrem Hotelaufenthalt sind, wenn das Schwimmbad geschlossen ist, zusätzlich abgebildet werden muß, um zu einer den betrieblichen Verhältnissen Rechnung tragenden Entscheidung zu kommen. Zu den zahlungswirksamen Renovierungskosten in Höhe von 20.000 DM und den entgangenen Erträgen in Höhe von 2.000 DM müßten dann zusätzlich Folgekosten von Unzufriedenheit in einer bestimmten Höhe angesetzt werden.

---

62 Vgl. Wöhe (1996), S. 1250.

3.3.2. Kostenarten

Die Erfüllung der Controllingaufgabe im Hotelbetrieb macht es erforderlich, mit differenzierten Kostenbegriffen zu arbeiten. Dabei ist einer ganzen Reihe von Spezifikationen des allgemeinen Kostenbegriffs Rechnung zu tragen[63]. Im einzelnen sind folgende Begriffe zu klären:

- Variable Kosten
- Fixkosten
- Einzelkosten
- Gemeinkosten
- Relevante Kosten

Variable Kosten sind Kosten, deren Höhe sich mit der Beschäftigung des Hotelbetriebs verändert. Ein Beispiel für diese Kostenart sind etwa die F&B-Wareneinsatzkosten. Sie erhöhen sich, wenn die Umsätze der F&B-Abteilung steigen. Dabei ist anzumerken, daß die für die variablen Kosten festgestellte Abhängigkeit der Kostenhöhe von der Beschäftigung oftmals als proportionales Verhältnis beschrieben wird, was der Realität des Hotelleriegeschäfts genau genommen nur selten gerecht wird. Allerdings ist unter der zumeist erfüllten Voraussetzung, daß mit der Spezifizierung der Abhängigkeit der variablen Kosten von der Beschäftigung als proportionale Beziehung eine noch akzeptable Abbildungsungenauigkeit einhergeht, diese Annäherung aus Gründen der Praktikabilität gerechtfertigt.

Das Gegenstück zu den variablen Kosten sind die Fixkosten. Sie sind dadurch gekennzeichnet, daß ihre Höhe unabhängig von der Höhe der Beschäftigung des Hotelbetriebs ist. Diese den Charakter von Fixkosten ausmachende Unabhängigkeit ist zeitabhängig zu sehen. So sind Fixkosten kurzfristig unabhängig von der Beschäftigung des Hotelbetriebs. In einer längerfristigen Betrachtung sind auch die Fixkosten variabel. Beispiele für Fixkosten sind Mietkosten, Kosten für Versicherungen und Zinskosten.

Einzelkosten sind Kosten, die einem bestimmten Bezugsobjekt direkt zurechenbar sind, wobei als Bezugsobjekte zwei verschiedene Kostenrechnungsinhalte in Frage kommen. Die erste Kategorie von Bezugsobjekten sind die Kostenstellen. Hierunter versteht man die Orte der

---

63 Vgl. hierzu Schmidgall (1995), S. 217 ff.

Kostenentstehung. Diese werden in Profit Center und Service Center eingeteilt[64]. Die zweite Kategorie von Bezugsobjekten, auf die sich die Frage der direkten Zurechenbarkeit beziehen kann, sind die Kostenträger. Diese stellen die vom Hotelbetrieb erbrachten Leistungen dar. Beispiele hierfür sind die vom Hotelbetrieb angebotenen Logisdienstleistungen und die von ihm produzierten F&B-Produkte. Liegt das Bezugsobjekt Kostenstelle vor und kann die Frage nach der direkten Zurechenbarkeit bejaht werden, spricht man von Kostenstelleneinzelkosten. Liegt hingegen das Bezugsobjekt Kostenträger vor und besteht die Möglichkeit, diesem Bezugsobjekt Kosten direkt zuzurechnen, werden diese Kosten als Kostenträgereinzelkosten bezeichnet.

Das Gegenstück zu den Einzelkosten sind die Gemeinkosten. Sie sind dadurch gekennzeichnet, daß sie einem bestimmten Bezugsobjekt nicht direkt zugerechnet werden können. Entsprechend den beiden Formen möglicher Bezugsobjekte teilt man die Gemeinkosten in Kostenträgergemeinkosten und Kostenstellengemeinkosten ein. Kostenträgergemeinkosten sind Kosten, die einem Kostenträger nicht direkt zugerechnet werden können, wohingegen Kostenstellengemeinkosten solche Kosten sind, die einer Kostenstelle nicht direkt zugerechnet werden können. Hierbei ist zu beachten, daß die Kostenstellengemeinkosten ein Unterbegriff der Kostenträgergemeinkosten sind. So bestehen die Kostenträgergemeinkosten aus den folgenden Kostengruppen:

- Kostenstelleneinzelkosten der Profit Center
- Kostenstelleneinzelkosten der Service Center
- Kostenstellengemeinkosten

Die Kostenstelleneinzelkosten der Profit Center sind Kosten, die zwar nicht den einzelnen von den Profit Center erbrachten Leistungen direkt zugerechnet werden können, aber den Profit Center direkt zurechenbar sind. Hierzu zählt vor allem der jeweilige Personalaufwand, der den Profit Center zu belasten ist. Er ist den einzelnen Profit Center-Leistungen nicht direkt zurechenbar, kann aber der Abrechnungseinheit Profit Center direkt zugewiesen werden.

Dementsprechend sind die Kostenstelleneinzelkosten der Service Center Kosten, die zwar nicht den einzelnen von den Service Center erbrachten

---

64 Vgl. zu den Begriffen Profit Center und Service Center Abschnitt 3.2.

Leistungen direkt zugerechnet werden können, aber den Service Center direkt zurechenbar sind. Diese Kosten entsprechen den Undistributed Operating Expenses des Uniform System of Accounts for the Lodging Industry, womit es sich im einzelnen um die Kostenkategorien Verwaltung, Marketing, Instandhaltung und Energie handelt.

Die Kostenstellengemeinkosten sind Kosten, die weder den von den Profit Center erbrachten Leistungen noch den Profit Center und Service Center direkt zugerechnet werden können. Diese Kosten entsprechen den Fixed Charges des Uniform System of Accounts for the Lodging Industry. Somit handelt es sich hierbei um die Kostenkategorien Miete beziehungsweise Pacht, Steuern, Versicherung, Zinsaufwendungen und Abschreibungen.

Relevante Kosten sind Kosten, die von einer bestimmten Entscheidung abhängen. Sie sind dadurch gekennzeichnet, daß sie in einem kausalen Zusammenhang zu einer Entscheidung stehen. Um diesen Kostenbegriff zu verdeutlichen, sei von der beispielhaften Situation ausgegangen, daß ein Hotelbetrieb vor der Entscheidung steht, einen zusätzlichen Mitarbeiter zur Verstärkung des Front Office einzustellen. In diesem Fall stellen die Gehaltskosten des neuen Mitarbeiters relevante Kosten dar. Sie sind entscheidungsabhängig. Die bisherigen Personalkosten des Front Office sind hingegen keine relevanten Kosten. Sie fallen unabhängig von der Entscheidung an, einen zusätzlichen Mitarbeiter einzustellen.

3.3.3. Kostenrechnungssysteme im Überblick

Das Hotel-Controlling arbeitet mit verschiedenen Kostenrechnungsvarianten. Diese werden als Kostenrechnungssysteme bezeichnet. Sie lassen sich nach zwei verschiedenen Kriterien einordnen. Das erste Kriterium ist der Kosteninhalt. Das zweite Kriterium ist der Verrechnungsumfang[65].

Legt man das Kriterium Kosteninhalt zugrunde, sind die Kostenrechnungssysteme Istkostenrechnung, Normalkostenrechnung und Plankostenrechnung zu unterscheiden.

Die Istkostenrechnung ist eine Variante der Kostenrechnung, die dadurch gekennzeichnet ist, daß ausschließlich die in der Vergangenheit angefallenen Kosten betrachtet werden. Die Normalkostenrechnung arbeitet hinge-

---

65 Vgl. Fuchs, Neumann-Cosel (1988), S. 23 ff.

gen mit Kosten, die Ergebnis einer Preise und Mengen umfassenden Durchschnittsbetrachtung sind, wobei die Durchschnittsbildung der Nivellierung von Schwankungen dient. Die Plankostenrechnung ist schließlich ein Kostenrechnungssystem, in dessen Blickwinkel die in der Zukunft voraussichtlich anfallenden Kosten stehen.

Legt man das Kriterium Verrechnungsumfang zugrunde, sind Vollkostenrechnungssysteme und Teilkostenrechnungssysteme zu unterscheiden.

Die Vollkostenrechnung ist ein Kostenrechnungssystem, das dadurch gekennzeichnet ist, daß den Kostenstellen beziehungsweise den Kostenträgern sowohl die entsprechenden Einzelkosten als auch die entsprechenden Gemeinkosten zugerechnet werden[66].

Die Teilkostenrechnung ist hingegen dadurch gekennzeichnet, daß den Kostenstellen beziehungsweise Kostenträgern nur die direkt zurechenbaren Kosten zugerechnet werden. Die Gemeinkosten werden hier in unverteiltem Zustand belassen[67].

Verknüpft man die beiden Einteilungsformen Kosteninhalt und Verrechnungsumfang, ergeben sich die Kostenrechnungsalternativen Vollkostenrechnung auf Istkostenbasis, Vollkostenrechnung auf Normalkostenbasis, Vollkostenrechnung auf Plankostenbasis, Teilkostenrechnung auf Istkostenbasis, Teilkostenrechnung auf Normalkostenbasis sowie Teilkostenrechnung auf Plankostenbasis.

---

66 Die Vollkostenrechnung kann auch als Kostenrechnungssystem aufgefaßt werden, das auf der Unterscheidung in Fixkosten und variable Kosten basiert. Legt man dieses Verständnis zugrunde, werden den Kostenträgern sowohl die Fixkosten als auch die variablen Kosten zugerechnet. Vgl. Wöhe (1996), S. 1253.
67 Die Teilkostenrechnung kann auch als Kostenrechnungssystem aufgefaßt werden, das auf der Unterscheidung in Fixkosten und variable Kosten beruht. Hiernach werden den Kostenträgern nur die variablen Kosten zugerechnet. Vgl. Wöhe (1996), S. 1253. Dieses Teilkostenrechnungsverständnis liegt der im Abschnitt 3.4.1. dargestellten ROI-Analyse zugrunde. Darüber hinaus kann die Teilkostenrechnung als Kostenrechnungssystem verstanden werden, das den Kostenträgern nur die relevanten Kosten zuordnet. Dieses Verständnis liegt der im Abschnitt 3.7. dargestellten Deckungsbeitrags-Flußrechnung Beherbergung zugrunde.

3.3.4. Ablauf der Kostenrechnung

Die Kostenrechnung des Unternehmens ist in ein mehrstufiges Verfahren eingebettet[68]. Dieses besteht aus folgenden Komponenten:

- Kostenartenrechnung
- Kostenstellenrechnung
- Kostenträgerrechnung

Die Kostenartenrechnung dient der vollständigen Erfassung aller Kosten, die während des betrachteten Zeitraums angefallen sind sowie der sich hieran anschließenden Einteilung der Kosten in die Kostenkategorien Kostenträgereinzelkosten und Kostenträgergemeinkosten.

Die zweite Stufe der Kostenrechnung, die Kostenstellenrechnung, beinhaltet die Verteilung der durch die Kostenstellenrechnung gesammelten Kostenträgergemeinkosten auf die verschiedenen Abrechnungseinheiten. Dabei ist der Umfang der Kostenträgergemeinkosten, die den Kostenstellen zugewiesen werden, davon abhängig, ob das Unternehmen auf der Grundlage eines Vollkostenrechnungssystems oder eines Teilkostenrechnungssystems arbeitet.

Die Kostenträgerrechnung umfaßt das folgende Vorgehen. In dieser Stufe der Kostenrechnung werden die im Rahmen der Kostenartenrechnung gesammelten Kostenträgereinzelkosten den jeweiligen Leistungen, die von den Profit Center des Unternehmens erbracht wurden beziehungsweise im Falle der Plankostenrechnung zu erbringen sind, zugewiesen. Weitere Kostenzuweisungen sind wieder von der Art des praktizierten Kostenrechnungssystems abhängig. Die Ergebnisse der Kostenträgerrechnung sind die Selbstkosten der von den Profit Center erbrachten beziehungsweise in der Zukunft zu erbringenden Leistungen.

---

68 Vgl. hierzu ausführlich Wöhe (1996), S. 1254 ff.

3.3.5. Grundzüge der Vollkostenrechnung

Der Kerngedanke der Vollkostenrechnung besteht, wie bereits angesprochen, darin, den Bezugsobjekten sämtliche Kosten, das heißt sowohl die jeweiligen Einzelkosten als auch die jeweiligen Gemeinkosten, zuzurechnen. Damit ist die Aufgabe zu lösen, über die unproblematische Zuweisung der Einzelkosten zu den Bezugsobjekten hinaus die Gemeinkosten auf die jeweiligen Bezugsobjekte zu verteilen.

Zunächst ist die Kostenartenrechnung zu durchlaufen. Hier sind, wie bereits dargestellt, alle Kosten zu sammeln und in die Kostengruppen Kostenträgereinzelkosten und Kostenträgergemeinkosten einzuordnen. Nach der Einordnung der Kosten in die jeweiligen Kostenkategorien werden die Kostenträgergemeinkosten an die Kostenstellenrechnung weitergereicht.

In der Kostenstellenrechnung ist nun die Frage zu klären, mit welchen Schlüsselgrößen gearbeitet werden soll, um die Kostenträgergemeinkosten auf die Abrechnungseinheiten umzulegen. Zur Auswahl stehen verschiedene Schlüsselgrößen. Beispielsweise kommen die Gebäudefläche, die Mitarbeiterzahl oder der Umsatz in Betracht.

Die Auswahl der richtigen Schlüsselgröße ist entscheidend für den Erfolg der Vollkostenrechnung. Finden nämlich zu sehr fehlerbehaftete Schlüsselungen statt, kann es zu einer erheblichen Verzerrung der tatsächlichen Verhältnisse kommen. Diese Verzerrung kann in der Praxis der hotelbetrieblichen Vollkostenrechnung sogar soweit gehen, daß für einzelne Bereiche, selbst wenn sie mehr als zufriedenstellende Erträge erbringen, höchst defizitäre Ergebnisse errechnet werden, obwohl sie in Wirklichkeit deutlich positive Ergebnisse erzielen. Dies gilt insbesondere für den F&B-Bereich, den manche Vollkostenrechnung in einem nicht gerechtfertigten Ausmaß schlecht darstellt. Dabei ist zu berücksichtigen, daß es kein allgemeingültiges Patentrezept für eine korrekte Schlüsselung der in der Kostenrechnung als Gemeinkosten bezeichneten nicht direkt zurechenbaren Kosten gibt. Dies erschwert die Aufgabe und birgt erhebliche Risiken in sich.

Darüber hinaus ist das Problem zu lösen, mit welcher Methode der Gemeinkostenverteilung gearbeitet werden soll.

52 Operatives Controlling

Es stehen drei verschiedene Methoden zur Auswahl[69]:

- Direkte Umlagemethode
- Stufenmethode
- Mathematische Methode

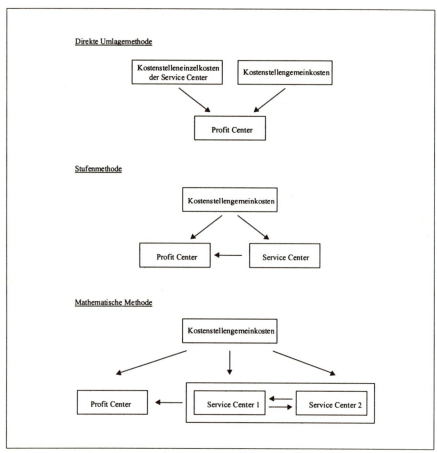

Abbildung 17: Methoden der Gemeinkostenverteilung[70]

---

69 Die Bezeichnungen der Methoden entstammen dem US-amerikanischen Sprachraum. Die entsprechenden ursprünglichen Bezeichnungen sind: Direct Method, Step Method, Formula Method. Vgl. Schmidgall (1995), S. 241 ff.
70 Quelle: In Anlehnung an Schmidgall (1995), S. 243 f.

Operatives Controlling

Die direkte Umlagemethode sieht vor, daß die Kostenstelleneinzelkosten der Service Center und die Kostenstellengemeinkosten unmittelbar auf die Profit Center verteilt werden. Eine anteilige Zurechnung der Kostenstellengemeinkosten auf die Service Center findet hier nicht statt.

Die Stufenmethode fordert hingegen, daß zunächst die Kostenstellengemeinkosten auf die Profit Center und Service Center verteilt werden. Sodann sind bei dieser Methode die Kostenstelleneinzelkosten der Service Center einschließlich der diesen zugewiesenen Anteile an den Kostenstellengemeinkosten auf die Profit Center zu verteilen.

Die mathematische Methode ist das komplexeste Verfahren der Gemeinkostenverteilung. Sie sieht folgende Vorgehensweise vor. Wie bei der Stufenmethode werden zunächst die Kostenstellengemeinkosten auf die Profit Center und die Service Center verteilt. Sodann, und hierin besteht die kostenrechnerische Erweiterung gegenüber der Stufenmethode, werden die von Service Center für andere Service Center erbrachten Leistungen berücksichtigt, um im letzten Schritt die entsprechend modifizierten Kosten der Service Center auf die Profit Center zu verteilen.

Nach der Darstellung der im Rahmen der Vollkostenrechnung ablaufenden Kostenstellenrechnung ist nun die unter diesem Kostenrechnungssystem praktizierte Kostenträgerrechnung zu betrachten. Hier wird üblicherweise wie folgt verfahren.

Zunächst werden der Kostenstellenrechnung die den einzelnen Profit Center belasteten Kostenträgergemeinkosten entnommen. Diese Kosten werden als Kostenträgergemeinkostenblöcke bezeichnet. Sodann wird in den einzelnen Profit Center die jeweilige Summe der Kostenträgereinzelkosten ermittelt. Diese Summen werden als Kostenträgereinzelkostenblöcke bezeichnet. Daraufhin wird in den einzelnen Profit Center das jeweilige rechnerische Verhältnis von Kostenträgergemeinkostenblock und Kostenträgereinzelkostenblock ermittelt. Diese Größe ist der sogenannte Zuschlagsatz.

$$\text{Zuschlagsatz} = \frac{\text{Kostenträgergemeinkostenblock}}{\text{Kostenträgereinzelkostenblock}} \cdot 100 \text{ (in \%)}$$

Mit ihm werden die Kostenträgereinzelkosten der jeweiligen Leistungen multipliziert, woraufhin das Ergebnis dieser Multiplikation zu den Kostenträgereinzelkosten der jeweiligen Leistungen hinzuaddiert wird. Das Ergebnis dieser Addition sind die auf Vollkostenbasis errechneten Selbstkosten der von den Profit Center erbrachten Leistungen.

	Umsatz	Warenaufwand	Personalaufwand	Sonstiger Aufwand	Ergebnis
Beherbergung	240.000		72.000	30.000	138.000
F & B	160.000	47.000	70.000	7.000	36.000
Verwaltung			20.000	5.000	- 25.000
Marketing				10.000	- 10.000
Instandhaltung			8.000	4.000	- 12.000
Energie				9.000	- 9.000
Steuern					- 5.000
Versicherung					- 1.000
Zinsaufwendungen					- 3.000
Abschreibungen					- 5.000

Abbildung 18: Beispiel zur Gemeinkostenverteilung

Die Vollkostenrechnung soll an Hand eines beispielhaften Unternehmens verdeutlicht werden. Diesem liegen die oben wiedergegebenen, nach dem Statement of Income des Uniform System of Accounts for the Lodging Industry strukturierten Zahlen zugrunde.

Zunächst ist die Kostenartenrechnung zu durchlaufen. Als Kostenträgereinzelkosten werden zunächst die Kosten identifiziert, die den verkauften Zimmern direkt zuzuordnen sind. Diese Kosten sind in der Position Sonstiger Aufwand des Profit Center Beherbergung enthalten und werden hier beispielhaft in einer Höhe von 24.000 DM angenommen. Hinzu kommt der Warenaufwand in Höhe von 47.000 DM. Alle übrigen Kosten sind Kostenträgergemeinkosten.

Im Rahmen der Kostenstellenrechnung werden folgende Schlüsselgrößen verwandt. Die Gemeinkosten Verwaltung sollen nach dem Anteil der Mitarbeiterzahl an der gesamten Mitarbeiterzahl geschlüsselt werden. Die Gemeinkosten Marketing sollen nach den jeweiligen Umsatzanteilen verrechnet werden. Die restlichen Gemeinkosten sollen auf Basis der Schlüsselgröße Gebäudefläche verteilt werden. Hinzu kommen die folgenden Informationen. Das Profit Center Beherbergung beansprucht 1.400 m² Gebäudefläche. Das Profit Center F&B beansprucht 600 m² Gebäudefläche. Beide Departments beschäftigen jeweils 14 Mitarbeiter. Das Unternehmen will mit der direkten Umlagemethode arbeiten.

Ermittelt man die Kostenträgergemeinkosten, die auf die jeweiligen Profit Center umzulegen sind, ergibt sich unter Anwendung der obigen Schlüsselgrößen für den Bereich Logis eine Belastung von 43.000 DM[71]. Der F&B-Bereich wird mit 27.000 DM belastet[72]. Damit weist das Profit Center Beherbergung auf Vollkostenbasis ermittelte Kostenträgergemeinkosten in Höhe von 121.000 DM auf. Diese setzen sich aus 78.000 DM Kostenstelleneinzelkosten und 43.000 DM geschlüsselten Kostenträgergemeinkosten zusammen[73]. Das Profit Center F&B weist auf Vollkostenbasis ermittelte Kostenträgergemeinkosten in Höhe von 104.000 DM auf. Diese setzen sich aus 77.000 DM Kostenstelleneinzelkosten und 27.000 DM geschlüsselten Kostenträgergemeinkosten zusammen[74].

---

71 Die Belastung in Höhe von 43.000 DM ergibt sich unter Anwendung der direkten Umlagemethode aus folgender Rechnung: 0,5 · 25.000 + 0,6 · 10.000 DM + 0,7 · (12.000 DM + 9.000 DM + 5.000 DM + 1.000 DM + 3.000 DM + 5.000 DM) = 43.000 DM
72 Die Belastung in Höhe von 27.000 DM ergibt sich unter Anwendung der direkten Umlagemethode aus folgender Rechnung: 0,5 · 25.000 + 0,4 · 10.000 + 0,3 · (12.000 DM + 9.000 DM + 5.000 DM + 1.000 DM + 3.000 DM + 5.000 DM) = 27.000 DM
73 Die Kostenstelleneinzelkosten in Höhe von 78.000 DM setzen sich aus dem Personalaufwand in Höhe von 72.000 DM sowie dem sonstigen Aufwand in Höhe von 6.000 DM zusammen. Die zuletzt genannte Größe ist der Teil des sonstigen Aufwandes, der sich laut der oben getroffenen Annahme den verkauften Zimmern nicht direkt zurechnen läßt.
74 Zur Ermittlung der Profit Center-Ergebnisse auf Vollkostenbasis sind zu den jeweiligen Kostenträgergemeinkosten auf Vollkostenbasis die jeweiligen Kostenträgereinzelkosten der Profit Center hinzuzuzählen. Diese Summe wird von den jeweiligen Umsätzen abgezogen. Demnach ergeben sich hier Profit Center-Ergebnisse auf Vollkostenbasis von 95.000 DM beziehungsweise 9.000 DM. Das erste Ergebnis ist das Beherbergungsergebnis. Das zweite Ergebnis ist das F&B-Ergebnis.

Zur Verdeutlichung der Kostenträgerrechnung auf Vollkostenbasis wird angenommen, daß das Unternehmen beabsichtigt, die Selbstkosten einer Speise zu ermitteln. Die Kostenträgereinzelkosten der Speise, das heißt hier der Warenaufwand, betrage 10 DM. Aus der obigen Übersicht ergibt sich, daß der Kostenträgereinzelkostenblock des F&B-Bereichs 47.000 DM beträgt. Der oben durchgeführten Kostenstellenrechnung kann entnommen werden, daß der Kostenträgergemeinkostenblock des Profit Center F&B 104.000 DM beträgt. Der Zuschlagssatz ergibt sich nun, wenn man das prozentuale Verhältnis des Kostenträgergemeinkostenblocks in Höhe von 104.000 DM und des Kostenträgereinzelkostenblocks in Höhe von 47.000 DM ermittelt. Das zugehörige Ergebnis ist 221 %. Damit ergibt sich ein Gemeinkostenzuschlag von 22,10 DM. Die Selbstkosten der Speise betragen somit 32,10 DM.

3.3.6. Grundzüge der Teilkostenrechnung

Im Gegensatz zur Vollkostenrechnung, die den Bezugsobjekten sowohl die Einzelkosten als auch die Gemeinkosten zurechnet, besteht der Kerngedanke der Teilkostenrechnung darin, den Kostenstellen beziehungsweise Kostenträgern nur die zugehörigen Einzelkosten zuzuweisen. Der Grund für dieses Vorgehen liegt in den Schwächen der Vollkostenrechnung begründet. So ist jede Vollkostenrechnung streng genommen stets unpräzise, da mit jeder Gemeinkostenverteilung eine gewisse Verzerrung der tatsächlichen Kosteninanspruchnahme einhergeht. Dies gilt selbst dann, wenn intelligente Verfahren und sinnvolle Bezugsgrößen gewählt werden. Stellt man auf den Kerngedanken des Hotel-Controlling, den im Mittelpunkt der Bemühungen stehenden Steuerungsaspekt, ab, ist die Vollkostenrechnung somit kritisch zu sehen, wenngleich sie nicht vollständig verzichtbar ist. So ist die Kenntnis der vollen Kosten für Kalkulationen und langfristig ausgerichtete Entscheidungen wichtig. Die Teilkostenrechnung wird hingegen dem Steuerungsgedanken vollständig gerecht.

Im Rahmen der Kostenartenrechnung werden zunächst alle Kosten gesammelt und in die Kategorien Kostenträgereinzelkosten und Kostenträgergemeinkosten aufgeteilt. Danach werden die Kostenträgereinzelkosten den zugehörigen Leistungen zugewiesen. Die Kostenträgergemeinkosten werden an die Kostenstellenrechnung weitergereicht.

Diese weist den Kostenstellen nun ausschließlich ihre jeweiligen Kostenstelleneinzelkosten zu. Die Kostenstellengemeinkosten bleiben unverteilt. Hinzu kommt, daß die Kostenstelleneinzelkosten der Service Center zwar denselbigen belastet werden, nicht aber auf die Profit Center umgelegt werden. Die Profit Center beinhalten nach Durchführung der Kostenstellenrechnung also nur die ihnen direkt zurechenbaren Kosten.

In der Kostenträgerrechnung werden den Leistungen nur die ihnen zugehörigen Kostenträgereinzelkosten zugerechnet. Es erfolgen keine Zuweisungen aus der Kostenstellenrechnung.

Die Teilkostenrechnung arbeitet mit einem wichtigen Begriff. Dies ist der Begriff des Deckungsbeitrags. Die im Mittelpunkt der Teilkostenrechnung stehende Größe ist als die Differenz zwischen Umsatz und Einzelkosten definiert[75]. Unter Bezugnahme auf die Kostenrechnungsstufen Kostenstellenrechnung und Kostenträgerrechnung lassen sich zwei Formen von Deckungsbeiträgen unterscheiden.

Die erste Form sind Deckungsbeiträge, die in Bezug auf die Profit Center berechnet werden. Sie werden hier als Profit Center-Deckungsbeiträge bezeichnet. So weist das Profit Center Beherbergung einen Deckungsbeitrag auf, der die Differenz zwischen Beherbergungsumsatz und der Summe aus Kostenstelleneinzelkosten des Beherbergungsbereichs und den zugehörigen Kostenträgereinzelkosten ist. Dieser Deckungsbeitrag enthält weder anteilige Kostenstelleneinzelkosten der Service Center noch anteilige Kostenstellengemeinkosten. Die Größe Deckungsbeitrag Beherbergung spiegelt damit ausschließlich die vom Beherbergungsbereich zu verantwortende Leistung wieder.

Die zweite Form sind Deckungsbeiträge, die sich auf die erbrachten Leistungen beziehen. Diese Deckungsbeiträge errechnen sich als Differenz zwischen dem Umsatz, der mit der jeweiligen Leistung erzielt wird, und den zugehörigen Kostenträgereinzelkosten.

Der Ablauf der Teilkostenrechnung soll an Hand des Zahlenmaterials verdeutlicht werden, das bei der Darstellung der Vollkostenrechnung verwendet wurde.

---

75 Der Deckungsbeitrag kann auch als Differenz zwischen Umsatz und variablen Kosten beziehungsweise als Differenz zwischen Umsatz und relevanten Kosten verstanden werden. Vgl. Abschnitt 3.3.3. und 3.4.2.

In der Kostenartenrechnung werden zunächst wieder Kostenträgereinzelkosten in Höhe von 24.000 DM, die den Beherbergungsleistungen direkt zugerechnet werden können, und Kostenträgereinzelkosten in Höhe von 47.000 DM, welche sich aus dem Warenaufwand ergeben, identifiziert. Alle übrigen Kosten sind Kostenträgergemeinkosten.

Die Kostenstellenrechnung verarbeitet nun nur den Teil der Kostenträgergemeinkosten, der sich den Profit Center und Service Center direkt zurechnen läßt. So werden dem Profit Center Beherbergung Kostenträgergemeinkosten in Höhe von 78.000 DM sowie Kostenträgereinzelkosten in Höhe von 24.000 DM belastet. Es ergibt sich ein Profit Center-Deckungsbeitrag von 138.000 DM. Dem Profit Center F&B werden Kostenträgergemeinkosten in Höhe von 77.000 DM und Kostenträgereinzelkosten in Höhe von 47.000 DM zugewiesen. Es ergibt sich ein Profit Center-Deckungsbeitrag von 36.000 DM.

Zur Verdeutlichung der Kostenträgerrechnung auf Teilkostenbasis wird auf dieselbige Situation Bezug genommen, die bei der Darstellung der Kostenträgerrechnung auf Vollkostenbasis unterstellt wurde. Im Unterschied zur Vollkostenrechnung wird der Speise nun ausschließlich der ihr zugehörige Warenaufwand in Höhe von 10 DM belastet. Eine weitere Kostenzuweisung erfolgt nicht, so daß die Selbstkosten auf Teilkostenbasis sich auf 10 DM belaufen.

Erzielt man durch den Verkauf der Speise einen Umsatz von 35 DM, ergibt sich ein Deckungsbeitrag von 25 DM. Diese Größe dient der Deckung von Gemeinkosten sowie, falls alle Gemeinkosten abgedeckt sind, der Erwirtschaftung von Gewinn.

Abschließend ist festzustellen, daß das Hotel-Controlling sowohl mit der Vollkostenrechnung als auch mit der Teilkostenrechnung arbeiten sollte. Dies vorausgeschickt ist allerdings festzuhalten, daß die Teilkostenrechnung besser als die Vollkostenrechnung in der Lage ist, hotelbetriebliche Entscheidungen zu unterstützen. So ist sie aufgrund ihres Verzichts auf Schlüsselungen stets präzise. Zudem ermittelt sie im Gegensatz zur Vollkostenrechnung eine kurzfristige Preisuntergrenze, deren Überschreitung den Beginn von Erfolgserzielung bedeutet. Dies ist für die Hotellerie, die aufgrund ihrer Wettbewerbsintensität oftmals nur geringe Preisspielräume offenläßt, von besonderer Bedeutung. Zur Verdeutlichung sei nochmals auf das obige Beispiel Bezug genommen. Wie im vorherigen Abschnitt dargestellt, hat die auf Vollkostenbasis vorgenommene Kalkulation einen

Selbstkostenpreis der Speise von 32,10 DM ergeben. Die Selbstkosten auf Teilkostenbasis betragen wie dargestellt 10 DM.

Würde man sich bei der Preisfindung ausschließlich an den Vollkosten orientieren und, falls der hiermit einhergehende Produktpreis sich nicht durchsetzen lassen würde, darauf verzichten, die Speise anzubieten, wäre dies ein betriebswirtschaftlicher Fehler.

So ist angesichts des überwiegenden Fixkostencharakters der hotelbetrieblichen Gemeinkosten jeder Preis vorteilhaft, der die Selbstkosten auf Teilkostenbasis, hier 10 DM, übersteigt. Dies gilt, da die Entscheidung dem Gast auch Preise anzubieten, die lediglich über den Selbstkosten auf Teilkostenbasis liegen, bedeutet, daß Werte erwirtschaftet werden, die zur Deckung ohnehin anfallender Kosten verwendet werden können und somit zu hotelbetrieblichem Erfolg beitragen. So ist auch der oben angenommene Preis von 25 DM vorteilhaft, obwohl er deutlich unter den Vollkosten liegt. Er trägt in einer Höhe von 15 DM zur Deckung der Gemeinkosten bei.

Hiermit wird deutlich, daß erst die Kenntnis der Selbstkosten auf Teilkostenbasis eine flexible Preispolitik ermöglicht. So hängt die Erzielung von Gewinnen nicht davon ab, daß jedes Produkt über den Vollkosten verkauft wird. Diese Forderung zu erheben, ist unrealistisch und würde die Gefahr mit sich bringen, daß die Gewinnzone nie erreicht wird, weil damit alle Produkte in pauschaler Weise zu teuer angeboten werden und somit auch nicht oder zumindest in zu geringem Maße nachgefragt werden. Letztendlich ist vielmehr entscheidend, daß eine ausreichende Anzahl von Produkten verkauft wird, die positive Deckungsbeiträge erbringen.

Auch was die Steuerung der Profit Center und Service Center angeht, erweist sich die Teilkostenrechnung als das der Vollkostenrechnung überlegene System. Dies gilt, da im Sinne einer Unternehmensführung, die einer gerechten und nachvollziehbaren Leistungsbeurteilung verpflichtet ist, den in den Profit Center und Service Center tätigen Mitarbeitern und Führungskräften nur diejenigen Kosten zugerechnet werden dürfen, die sie auch tatsächlich zu verantworten haben.

3.4. Kennzahlenanalyse

3.4.1. Kennzahlen des Gesamtunternehmens

Das Controllinginstrument Kennzahlenanalyse zielt darauf ab, das wirtschaftliche Geschehen im Unternehmen quantitativ zu erfassen, wobei eine Informationsverdichtung angestrebt wird.

Kennzahlen des Gesamtunternehmens sind Kennzahlen, die über das wirtschaftliche Geschehen informieren, ohne auf einzelne Leistungsbereiche gesondert einzugehen[76]. Zunächst sind die Kennzahlen Betriebsergebnis I und Betriebsergebnis II zu nennen.

Das Betriebsergebnis I ist die Differenz zwischen dem vom Unternehmen erzielten Umsatz und den betriebsbedingten Aufwendungen.

Damit gehen in die Berechnung der Größe nur Aufwendungen ein, die durch die Leistungserstellung unmittelbar verursacht wurden, so daß das Betriebsergebnis I sehr gut geeignet ist, um Managementerfolg zu erfassen.

Das Betriebsergebnis II ist die Differenz zwischen dem Betriebsergebnis I und den anlagebedingten Aufwendungen.

Betriebsergebnis I = Umsatz - Betriebsbedingte Aufwendungen

Betriebsergebnis II = Betriebsergebnis I - Anlagebedingte Aufwendungen

---

[76] Vgl. hierzu und im folgenden Maschke, Möller, Scherr (1997), S. 12 ff. sowie Leiderer (1995).

Als weitere Kennzahl ist die Kennzahl Umsatz pro Vollbeschäftigter zu nennen. Diese Kennzahl ist als das Verhältnis von Umsatz und Anzahl der Vollbeschäftigten definiert, wobei bei der Berechnung der Kennzahl zu berücksichtigen ist, daß Teilzeitbeschäftigte gemäß ihres zeitlichen Arbeitszeitanteils umzurechnen sind.

$$\text{Umsatz pro Vollbeschäftigter} = \frac{\text{Umsatz}}{\text{Anzahl der Vollbeschäftigten}}$$

Eine weitere Größe ist die Kennzahl Personalaufwand pro Vollbeschäftigter. Sie ergibt sich als das Verhältnis des gesamten Personalaufwands zur Anzahl der Vollbeschäftigten.

$$\text{Personalaufwand pro Vollbeschäftigter} = \frac{\text{Personalaufwand}}{\text{Anzahl der Vollbeschäftigten}}$$

Des weiteren ist hier beispielhaft die Kennzahl Umsatz pro Betriebsstunde zu nennen. Diese Kennzahl errechnet sich als das Verhältnis von Umsatz und geleisteten Betriebsstunden.

$$\text{Umsatz pro Betriebsstunde} = \frac{\text{Umsatz}}{\text{Betriebsstunden}}$$

Hinzu kommen die Kennzahlen, die auch im Rahmen einer Jahresabschlußanalyse gewonnen werden können.

Hierzu zählt zunächst die Anlagenintensität. Sie ist als das prozentuale Verhältnis von Anlagevermögen und Gesamtvermögen definiert.

$$\text{Anlagenintensität} = \frac{\text{Anlagevermögen}}{\text{Gesamtvermögen}} \cdot 100 \text{ (in \%)}$$

Aus betriebswirtschaftlicher Sicht ist eine möglichst geringe Ausprägung dieser Kennzahl wünschenswert, da eine hohe Ausstattung mit Anlagevermögen die Flexibilität des Unternehmens erheblich einschränkt.

Zudem gehen mit hohen Anlagenintensitäten entsprechend hohe anlagebedingte Kosten einher.

Zu beachten ist, daß die Aussagefähigkeit der Kennzahl durch die Regelung, daß Vermögensgegenstände maximal mit ihren Anschaffungs- oder Herstellungskosten zu bewerten sind, zum Teil erheblich eingeschränkt ist. Besitzt ein Unternehmen etwa Grundstücke und Gebäude, die sich seit geraumer Zeit im Eigentum des Unternehmens befinden, entspricht der bilanzielle Wertansatz oftmals nicht mehr dem aktuellen Marktwert. Ein anderes Unternehmen, dessen Grundstücke und Gebäude vor kürzerer Zeit erworben wurden, wird bei gleicher Qualität und Quantität der Grundstücke und Gebäude einen höheren bilanziellen Wertansatz aufweisen.

Von Bedeutung ist auch die Kennzahl Eigenkapitalquote. Sie ist das prozentuale Verhältnis von Eigenkapital und Gesamtkapital.

$$\text{Eigenkapitalquote} = \frac{\text{Eigenkapital}}{\text{Gesamtkapital}} \cdot 100 \text{ (in \%)}$$

Hier gilt, daß ein hoher Kennzahlenwert positiv zu beurteilen ist. So hat eine große Eigenkapitalausstattung den Vorteil, daß entsprechend viele Vermögensgegenstände durch unbefristet zur Verfügung stehende Mittel finanziert sind. Zudem können bei einer großzügigen Eigenkapitalausstattung größere Verluste aufgefangen werden, als dies bei einer geringen Eigenkapitalquote der Fall ist.

Eine weitere Kennzahl ist der Selbstfinanzierungsgrad. Diese Kennzahl ist das prozentuale Verhältnis von Gewinnrücklagen und Eigenkapital.

$$\text{Selbstfinanzierungsgrad} = \frac{\text{Gewinnrücklagen}}{\text{Eigenkapital}} \cdot 100 \text{ (in \%)}$$

Je größer diese Kennzahl ist, desto höher ist der Anteil des durch Einbehaltung von Gewinnen geschaffenen Kapitals. Der Anteil des von außen zugeführten Eigenkapitals ist demgegenüber dann vergleichsweise gering. Dies kann als Stärke des zu beurteilenden Unternehmens interpretiert werden.

Des weiteren sind die Kennzahlen Anlagendeckungsgrad I und Anlagendeckungsgrad II zu nennen. Die erste Kennzahl ist das prozentuale Verhältnis von Eigenkapital und Anlagevermögen. Die zweite Kennzahl ist das prozentuale Verhältnis der Summe aus Eigenkapital und langfristigem Fremdkapital zum Anlagevermögen.

Beide Kennzahlen sind vor dem Hintergrund der Forderung zu sehen, daß langfristig gebundenes Vermögen möglichst durch langfristig zur Verfügung stehendes Kapital finanziert sein soll. Für die Hotellerie ist die Kennzahl Anlagendeckungsgrad II relevanter als die Kennzahl Anlagendeckungsgrad I. Hier kann aufgrund der branchenimmanent hohen Anlagenintensität ein Wert gefordert werden, welcher der Ausprägung 100 % nahekommt, was bei der Verwendung der Kennzahl Anlagendeckungsgrad I unrealistisch wäre. Bei beiden Kennzahlen ist erneut der Einfluß der Regelung zu beachten, daß Vermögensgegenstände maximal mit ihren Anschaffungs- oder Herstellungskosten bilanziert werden.

$$\text{Anlagendeckungsgrad I} = \frac{\text{Eigenkapital}}{\text{Anlagevermögen}} \cdot 100 \text{ (in \%)}$$

$$\text{Anlagendeckungsgrad II} = \frac{\text{Eigenkapital + Langfristiges Fremdkapital}}{\text{Anlagevermögen}} \cdot 100 \text{ (in \%)}$$

Hinzu kommen die Kennzahlen Liquiditätsgrad I, Liquiditätsgrad II und Liquiditätsgrad III. Diese Kennzahlen messen, inwieweit das Unternehmen in der Lage ist, seine Zahlungsverpflichtungen erfüllen zu können.

$$\text{Liquidität 1. Grades} = \frac{\text{Flüssige Mittel}}{\text{Kurzfristige Verbindlichkeiten}} \cdot 100 \text{ (in \%)}$$

$$\text{Liquidität 2. Grades} = \frac{\text{Flüssige Mittel + Forderungen}}{\text{Kurzfristige Verbindlichkeiten}} \cdot 100 \text{ (in \%)}$$

$$\text{Liquidität 3. Grades} = \frac{\text{Umlaufvermögen}}{\text{Kurzfristige Verbindlichkeiten}} \cdot 100 \text{ (in \%)}$$

Hier ist festzustellen, daß eine alleinige Betrachtung einer der drei Kennzahlen problematisch ist. Die Kennzahlen sollten stets im Verbund betrachtet werden. Würde etwa die Kennzahl Liquiditätsgrad I einen Wert aufweisen, der deutlich unter 100 % liegt, wäre dies für sich genommen noch kein Signal für eine angespannte Liquiditätslage. Lediglich wenn auch die Kennzahl Liquiditätsgrad II einen deutlich unter 100 % liegenden Wert aufweisen würde, wäre die Vermutung gerechtfertigt, daß die Liquiditätslage des betrachteten Unternehmens schlecht ist. Für die Kennzahl Liquiditätsgrad III sind stets Werte zu fordern, die über 100 % liegen. Wären Ausprägungen dieser Größenordnung nicht festzustellen, würde dies bedeuten, daß das Unternehmen nicht einmal bei Veräußerung des gesamten Umlaufvermögens in der Lage ist, seinen kurzfristigen Zahlungsverpflichtungen nachkommen zu können. Alle drei Kennzahlen sind aufgrund des Auseinanderfallens des Zeitpunktes Bilanzstichtag und des Zeitpunktes, an dem der Jahresabschluß zur Analyse vorliegt, mit Vorsicht zu interpretieren.

Eine weitere Kennzahl ist das Working Capital. Diese Kennzahl zielt ebenso wie die Liquiditätsgrade darauf ab, Liquidität zu erfassen. Das Working Capital ist die Differenz zwischen Umlaufvermögen und kurzfristigen Verbindlichkeiten.

Working Capital = Umlaufvermögen - Kurzfristige Verbindlichkeiten

---

Je höher das Working Capital ist, desto besser stellt sich die Liquiditätssituation dar. Wie bei anderen Kennzahlen auch muß berücksichtigt werden, daß das Umlaufvermögen möglicherweise stille Reserven aufweist.

Darüber hinaus ist die Kennzahl Cash Flow zu nennen. Diese Kennzahl, die ebenso wie die oben dargestellten Kennzahlen der Liquiditätsmessung dient, ist die Differenz zwischen den Einzahlungen, die das Unternehmen erhalten hat, und den Auszahlungen, die das Unternehmen getätigt hat. Der Cash Flow kann auch durch ein anderes, näherungsweise vorgehendes Berechnungsschema ermittelt werden. Dieses errechnet den Cash Flow, indem zum Jahresergebnis die Abschreibungen und die Rückstellungserhöhungen hinzuaddiert werden. Wurden Zuschreibungen und Rückstellungsverminderungen vorgenommen, sind diese beiden Größen bei der Ermittlung des Cash Flow vom Jahresergebnis abzuziehen. Dieses Berechnungsschema basiert auf der Überlegung, daß das Jahresergebnis zustande kommt, indem die Erträge und Aufwendungen eines Geschäftsjahres einander gegenübergestellt werden, wobei auch Ertragspositionen und Aufwandspositionen in die Rechnung Eingang finden, die nicht zahlungswirksam sind. So verringert sich der Jahresüberschuß, wenn das Unternehmen Abschreibungen vornimmt oder Rückstellungen bildet, ohne daß hierbei die Liquidität des Unternehmens belastet wird. Um diese im Sinne der finanzwirtschaftlichen Betrachtungsweise verfälschende Wirkung zu neutralisieren, sind die Größen aus dem Jahresergebnis herauszurechnen, die dazu geführt haben, daß das Jahresergebnis nicht als Einzahlungsüberschuß interpretiert werden kann.

$$\text{Cash Flow} = \text{Einzahlungen} - \text{Auszahlungen}$$

$$\text{Cash Flow} = \begin{array}{l} \text{Jahresergebnis} \\ + \text{Abschreibungen} \\ (- \text{Zuschreibungen}) \\ + \text{Erhöhung der Rückstellungen} \\ (- \text{Verminderung der Rückstellungen}) \end{array}$$

Eine weitere Kennzahl ist die Umsatzrentabilität. Sie ist als das prozentuale Verhältnis von Jahresergebnis und Umsatz definiert. Sehr anschaulich wird die Kennzahl, wenn man sich vor Augen führt, daß sie ermittelt, wieviel Gewinn pro 100 DM Umsatz erwirtschaftet worden ist.

$$\text{Umsatzrentabilität} = \frac{\text{Jahresergebnis}}{\text{Umsatz}} \cdot 100 \text{ (in \%)}$$

Die Untersuchung der beschriebenen Kennzahlen kann durch die ROI-Analyse ergänzt werden. Sie dient dem Ziel, die Kennzahl Return on Investment, welche als das prozentuale Verhältnis der Summe aus Gewinn und Zinsen zum Gesamtkapital definiert ist, in ihre Komponenten zu zerlegen und damit aufzuzeigen, welche betriebswirtschaftlichen Faktoren in welcher Größenordnung für das Zustandekommen dieser zentralen Erfolgsgröße bestimmend sind. Die formale Struktur, innerhalb der sich die ROI-Analyse vollzieht, ist das ROI-Kennzahlensystem[77]. Dieses gibt die Aufschlüsselung der Kennzahl Return on Investment in ihre Komponenten wieder. Der Vorteil der ROI-Analyse ist, daß sie Wege zu einer Ergebnisverbesserung aufzeigt, die insofern systematisch ist, als die Analyse sich an den zentralen finanzwirtschaftlichen Größen in ihrem wechselseitigen Zusammenhang orientiert. Anzumerken ist, daß die ROI-Analyse erst dann ihre Zielsetzung vollständig erfüllt, wenn sie in regelmäßigen Abständen durchgeführt wird. Durch dieses Vorgehen lassen sich Veränderungen erkennen, aus denen wesentliche Schlußfolgerungen gezogen werden können.

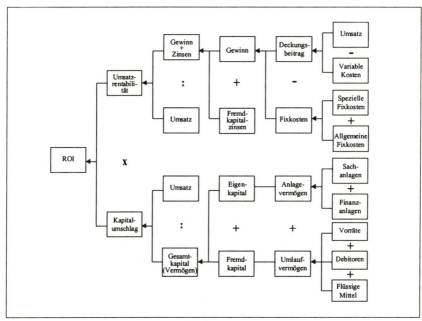

Abbildung 19: ROI-Kennzahlensystem[78]

---

77 Vgl. hierzu Holleis (1993), S. 178 ff.
78 Quelle: In Anlehnung an Holleis (1993), S. 179

3.4.2. Kennzahlen des Beherbergungsbereichs

Das Hotel-Controlling stellt auch Kennzahlen zur Verfügung, die auf eine gesonderte Beurteilung der einzelnen Leistungsbereiche abzielen. Hierzu zählen zunächst die Kennzahlen, mit denen die im Beherbergungsbereich erzielten Ergebnisse erfaßt werden[79].

Die erste dieser Kennzahlen ist die Belegungsquote. Sie ist als das prozentuale Verhältnis der Anzahl belegter Zimmer und der Anzahl verfügbarer Zimmer definiert.

$$\text{Belegungsquote} = \frac{\text{Belegte Zimmer}}{\text{Verfügbare Zimmer}} \cdot 100 \text{ (in \%)}$$

Hiermit wird die in einem bestimmten Zeitraum realisierte Inanspruchnahme der räumlichen Übernachtungskapazität gemessen. Eine zusätzliche Aussagekraft ergibt sich, wenn die Kennzahl auf die Gästestruktur bezogen wird, das heißt für jedes Segment errechnet wird. Hierdurch lassen sich Aussagen über den aktuellen Sales-Mix ableiten. Beispielsweise wäre eine gesonderte Belegungsquote des Segments Firmen zu errechnen und im Zeitablauf zu kontrollieren. Diese ergibt sich, wenn man das prozentuale Verhältnis der Anzahl von Firmen belegter Zimmer und der insgesamt verfügbaren Zimmer errechnet.

Eine weitere Kennzahl zur Beurteilung des Beherbergungsbereichs ist die Doppelbelegungsrate. Sie ist als das prozentuale Verhältnis der Anzahl doppelt belegter Zimmer und der Anzahl der belegten Zimmer definiert.

$$\text{Doppelbelegungsrate} = \frac{\text{Doppelbelegte Zimmer}}{\text{Belegte Zimmer}} \cdot 100 \text{ (in \%)}$$

---

[79] Vgl. hierzu und im folgenden Maschke, Möller, Scherr (1997), S. 15.

Hinzu kommt die Stornierungsrate. Diese Kennzahl ermittelt das prozentuale Verhältnis von Stornierungen und Reservierungen.

$$\text{Stornierungsrate} = \frac{\text{Stornierungen}}{\text{Reservierungen}} \cdot 100 \text{ (in \%)}$$

Die Stornierungsrate kann insbesondere für Zwecke der Kapazitätsauslastungsplanung verwendet werden. So ist sie etwa geeignet, das Ausmaß der zulässigen Überbuchung zu ermitteln, wobei gesagt werden muß, daß, soll sie für diese Zwecke eingesetzt werden, stabile, über einen längeren Zeitraum beobachtete Werte vorliegen müssen.

Neben der Stornierungsrate kann auch die Reservierungsquote ermittelt werden. Sie ist das prozentuale Verhältnis der Anzahl der Gäste, die reserviert haben, und der Anzahl der insgesamt beherbergten Gäste.

$$\text{Reservierungsquote} = \frac{\text{Gäste mit Reservierungen}}{\text{Beherbergte Gäste}} \cdot 100 \text{ (in \%)}$$

Diese Kennzahl ist für verkaufspolitische Entscheidungen von Bedeutung. So ist etwa zu beachten, daß diejenigen Gäste, die nicht reserviert haben, die sogenannten Walk-Ins, in der Regel die Rack Rate, das heißt den Vollpreis, bezahlen. Anzumerken ist, daß die Kennzahl, um ihre ganze Aussagekraft entfalten zu können, für jeden einzelnen Wochentag errechnet werden sollte.

Des weiteren ist die Kennzahl Durchschnittlicher Hotelzimmerpreis zu nennen. Diese Kennzahl, die auch als Average Room Rate bezeichnet wird, errechnet sich als das Verhältnis von Beherbergungsumsatz und belegten Zimmern.

$$\text{Durchschnittlicher Hotelzimmerpreis} = \frac{\text{Beherbergungsumsatz}}{\text{Belegte Zimmer}}$$

Ebenso wie bei der Kennzahl Belegungsquote bietet sich auch hier eine zusätzliche segmentspezifische Berechnung an. So können die Average Room Rates für jedes einzelne Segment berechnet werden, wodurch sich Rückschlüsse über die relative Vorteilhaftigkeit der einzelnen Gästegruppen ziehen lassen.

Hinzu kommt die in der letzten Zeit immer häufiger verwendete Kennzahl Umsatz pro verfügbarem Zimmer, die auch als Yield oder als Revenue per available room bezeichnet wird. Sie ist das Verhältnis von Beherbergungsumsatz und verfügbaren Zimmern. Sie kann auch errechnet werden, indem man die Belegungsquote mit dem durchschnittlichen Hotelzimmerpreis multipliziert. Hierdurch wird deutlich, daß die Kennzahl Yield den Informationsgehalt zweier Kennzahlen zu einer Größe zusammenfaßt.

$$\text{Umsatz pro verfügbarem Zimmer} = \frac{\text{Beherbergungsumsatz}}{\text{Verfügbare Zimmer}}$$

Des weiteren ist die Kennzahl Deckungsbeitrag Beherbergung zu nennen. Sie ergibt sich als das prozentuale Verhältnis der Differenz zwischen Beherbergungsumsatz und der Summe aus Kostenstelleneinzelkosten Beherbergung und Kostenträgereinzelkosten Beherbergung zum Beherbergungsumsatz. Eine weitere Fassung der Kennzahl besteht in dem prozentualen Verhältnis zwischen der Differenz aus Beherbergungsumsatz und relevanten Kosten zum Beherbergungsumsatz. Dieser Kennzahl kommt eine sehr hohe Bedeutung zu, was vor dem Hintergrund der betriebswirtschaftlichen Vorteilhaftigkeit derjenigen Entscheidungen zu sehen ist, die auf Teilkostenüberlegungen basieren.

$$\text{Deckungsbeitrag Beherbergung} = \frac{\text{Beherbergungsumsatz - Kostenstelleneinzelkosten Beherbergung - Kostenträgereinzelkosten Beherbergung}}{\text{Beherbergungsumsatz}} \cdot 100 \text{ (in \%)}$$

$$\text{Deckungsbeitrag Beherbergung} = \frac{\text{Beherbergungsumsatz - Relevante Kosten}}{\text{Beherbergungsumsatz}} \cdot 100 \text{ (in \%)}$$

Eine weitere Kennzahl zur Beurteilung des Beherbergungsbereichs ist die Kennzahl Kreditkartenanteil. Sie ist als der prozentuale Anteil des Kreditkartenumsatzes am gesamten Beherbergungsumsatz definiert.

$$\text{Kreditkartenanteil} = \frac{\text{Kreditkartenumsatz}}{\text{Beherbergungsumsatz}} \cdot 100 \text{ (in \%)}$$

Hinzu kommt die Kennzahl Durchschnittliche Aufenthaltsdauer. Sie ist als das Verhältnis von Gästeübernachtungen und Gästen definiert.

$$\text{Durchschnittliche Aufenthaltsdauer} = \frac{\text{Gästeübernachtungen}}{\text{Gäste}}$$

Diese Kennzahl ist für das Hotel-Controlling von hoher Bedeutung. So läßt die Kennzahl beispielsweise Rückschlüsse über die Belastung des Empfangspersonals zu. Hier gilt, daß mit einer Verringerung der durchschnittlichen Aufenthaltsdauer die Belastung des Empfangspersonals in Folge häufigerer Check-Ins und Check-Outs zunimmt. Des weiteren ist die Kennzahl geeignet, um Planungen im Housekeepingbereich durchzuführen. Auch hier gilt, daß die Belastung mit einer Verringerung der durchschnittlichen Aufenthaltsdauer ansteigt.

Zu den Kennzahlen des Beherbergungsbereichs gehören des weiteren verschiedene Personalkennzahlen. Eine dieser Kennzahlen ist die Größe Vollbeschäftigte pro belegtem Zimmer. Diese Kennzahl bezeichnet das Verhältnis zwischen der Anzahl der vollbeschäftigten Mitarbeiter und der Anzahl belegter Zimmer.

$$\text{Vollbeschäftigte pro belegtem Zimmer} = \frac{\text{Vollbeschäftigte}}{\text{Belegte Zimmer}}$$

Diese Kennzahl ist geeignet, Informationen über die Produktivität des Beherbergungspersonals zu liefern, wobei das Serviceniveau des jeweiligen Hauses berücksichtigt werden muß.

3.4.3. Kennzahlen des F&B-Bereichs

Das Hotel-Controlling umfaßt auch Kennzahlenanalysen, die sich gesondert mit dem F&B-Bereich auseinandersetzen[80]. Zu den Kennzahlen des F&B-Bereichs zählt zunächst die Kennzahl Umsatz pro Sitzplatz. Sie errechnet sich als das Verhältnis von F&B-Umsatz und Anzahl belegter Sitzplätze.

---

80 Vgl. hierzu und im folgenden Schaetzing (1996), S. 131 ff.

$$\text{Umsatz pro Sitzplatz} = \frac{\text{F\&B-Umsatz}}{\text{Belegte Sitzplätze}}$$

Hierdurch wird der im Durchschnitt der Gäste, die F&B-Leistungen in Anspruch nehmen, erzielte Umsatz ermittelt, womit eine zentrale Aussagefähigkeit für die Wertigkeit der F&B-Leistungen gegeben ist.

Hinzu kommt die sehr bedeutsame Wareneinsatzquote. Sie ist der prozentuale Anteil des Warenaufwandes am erzielten F&B-Umsatz.

$$\text{Wareneinsatzquote} = \frac{\text{Warenaufwand}}{\text{F\&B-Umsatz}} \cdot 100 \text{ (in \%)}$$

Hiermit liegt eine Kennzahl vor, die wichtige Informationen über die Leistungsfähigkeit des F&B-Bereichs vermittelt. So läßt die Wareneinsatzquote Rückschlüsse über die Preispolitik des Einkaufs sowie über die Kostenauswirkung der Küchenproduktionsverfahren zu. Die Kennzahl gewinnt an Aussagekraft, wenn man sie für den Food- und Beverage-Bereich getrennt ermittelt. Die entsprechenden Kennzahlen sind die Wareneinsatzquote Speisen und die Wareneinsatzquote Getränke.

$$\text{Wareneinsatzquote Speisen} = \frac{\text{Warenaufwand Speisen}}{\text{Umsatz Speisen}} \cdot 100 \text{ (in \%)}$$

$$\text{Wareneinsatzquote Getränke} = \frac{\text{Warenaufwand Getränke}}{\text{Umsatz Getränke}} \cdot 100 \text{ (in \%)}$$

Hinzu kommen Kennzahlen, die einen Bezug zum Personalbereich aufweisen. Hierzu gehört etwa die Kennzahl Restaurantplätze pro Bedienungsperson. Diese Kennzahl ergibt sich als das Verhältnis von Restaurantplätzen zu Bedienungspersonen.

$$\text{Restaurantplätze pro Bedienungsperson} = \frac{\text{Restaurantplätze}}{\text{Bedienungspersonen}}$$

Des weiteren sind die Kennzahlen Effektive Öffnungszeit und Beliebtheitsgrad einer Speise zu erwähnen. Die Kennzahl Effektive Öffnungszeit errechnet sich, indem von den Tagen des Jahres die Ruhetage, die Ferientage und die sonstigen Stillegungstage abgezogen werden. Die Kennzahl Beliebtheitsgrad einer Speise ist das prozentuale Verhältnis der Anzahl verkaufter Portionen einer bestimmten Speise zur Anzahl der im F&B-Bereich bedienten Gäste.

$$\text{Effektive Öffnungszeit} = \begin{array}{l} \text{Tage des Jahres} \\ - \text{ Ruhetage} \\ - \text{ Ferientage} \\ - \text{ Sonstige Stillegungstage} \end{array}$$

$$\text{Beliebheitsgrad einer Speise} = \frac{\text{Verkaufte Portionen}}{\text{Bediente Gäste}} \cdot 100 \text{ (in \%)}$$

3.5. Hotelbetriebsvergleiche

Hotelbetriebsvergleiche stellen ein wichtiges Controllinginstrument dar. Sie ermöglichen es, den Geschäftsverlauf des eigenen Unternehmens an Hand eines objektiven Vergleichsmaßstabes zu beurteilen. Durch die Verwendung von Hotelbetriebsvergleichen wird die Umwelt des Unternehmens in die Analyse des eigenen Unternehmens integriert. Die Gefahr von Fehleinschätzungen sinkt.

Hotelbetriebsvergleiche werden von verschiedenen Institutionen herausgegeben. Sie basieren auf Untersuchungen, an denen eine Vielzahl von Häusern auf anonymer Basis teilnehmen. Den teilnehmenden Unternehmen wird der Betriebsvergleich meist kostenlos zur Verfügung gestellt, andere Unternehmen müssen den Betriebsvergleich bezahlen, wobei es auch Betriebsvergleiche gibt, die ausschließlich den Teilnehmern zur Verfügung gestellt werden.

Zwei dieser Institutionen sollen hier besonders hervorgehoben werden. Zunächst ist das DWIF zu nennen, das regelmäßig in methodischer Hinsicht sehr gute Hotelbetriebsvergleiche vorlegt[81]. Diese informieren in einer umfassenden und zugleich differenzierenden Weise über die betriebswirtschaftlichen Strukturen des deutschen Hotelmarktes. So findet sich in den vom DWIF herausgegebenen Hotelbetriebsvergleichen, in denen verschiedene Gruppen von Hotels betrachtet werden, unter anderem eine sehr detaillierte Situationsanalyse. Diese umfaßt Untersuchungen hinsichtlich des Personalbereichs, des Gastronomiebereichs und des Betriebserfolgs. Zudem werden Aspekte der Finanzierung und Rentabilität betrachtet. Hinzu kommt die Darstellung von Orientierungswerten. Dies sind Größen, die auf der Basis der besten Unternehmen jeder im Hotelbetriebsvergleich betrachteten Untersuchungsgruppe ermittelt wurden[82]. Des weiteren beinhaltet der vom DWIF herausgegebene Hotelbetriebsvergleich einen sehr präzise erarbeiteten Zeitvergleich, dem interessante Trends sowie eine Vielzahl von Einzelinformationen entnommen werden können. Weiterhin führt das DWIF einen ökologischen Betriebsvergleich

---

81 Vgl. zu den folgenden Ausführungen über den vom Deutschen Wirtschaftswissenschaftlichen Institut für Fremdenverkehr e.V. an der Universität München, kurz DWIF, herausgegebenen Hotelbetriebsvergleich Maschke, Möller, Scherr (1997).
82 Vgl. Abbildungen 20 - 25. In dem vom DWIF herausgegebenen Hotelbetriebsvergleich finden sich einige wichtige Anmerkungen zur Interpretation der Orientierungswerte. Vgl. hierzu Maschke, Möller, Scherr (1997), S. 91 f.

durch, in dem Informationen über Abfallaufkommmen, Abfallmanagement, Wasserverbrauch, Wassersparen, Energieverbrauch, Energiesparen, umweltrelevante Aufwendungen und betriebliches Umweltmanagement wiedergegeben werden.

Die zweite Institution, die hier erwähnt werden soll, ist die Gesellschaft Pannell Kerr Forster. Auch die von ihr erarbeiteten Hotelbetriebsvergleiche sind in sehr guter Weise geeignet, das hauseigene Controlling zu unterstützen. Pannell Kerr Forster legt Hotelbetriebsvergleiche vor, die den deutschen Hotelmarkt umfassen, sich aber nicht auf ihn beschränken. Zunächst sind die von Pannell Kerr Forster herausgegebenen German Trends hervorzuheben. Sie beinhalten sehr differenzierte Kennzahlenbetrachtungen, die in den Gruppierungen All Hotels, City Hotels und Airport Hotels sowie Lower-rate, Mid-rate und Upper-rate vorgenommen werden. Hinzu kommen Kennzahlenauswertungen, die für verschiedene deutsche Städte einzeln ermittelt werden[83]. Des weiteren ist der Hotelbetriebsvergleich Euro City Survey zu nennen. Er informiert sowohl über die Marktlage in den einzelnen europäischen Staaten als auch über die Marktlage in den großen europäischen Städten. Darüber hinaus bringt die Gesellschaft die International Hotel Trends heraus. Hier wird der weltweite Hotelleriemarkt betrachtet.

Generell ist zu sagen, daß die Verwendung eines Hotelbetriebsvergleichs nicht unkritisch erfolgen sollte. So ist vor allem darauf zu achten, daß das eigene Haus der dem jeweiligen Hotelbetriebsvergleich zugrundeliegenden Untersuchungsgruppe qualitativ und quantitativ nahe kommt. Hinzu kommt, daß die Arbeit mit Hotelbetriebsvergleichen eine umfassend angelegte Analyse voraussetzt. So muß davon abgeraten werden, nur wenige Werte einander gegenüberzustellen und hieraus weitreichende Schlußfolgerungen zu ziehen. Vielmehr ist das Gesamtbild zu betrachten, womit die Forderung einhergeht, möglichst viele Größen zu untersuchen und diese in einer ausgewogenen Weise zu interpretieren.

---

83 Die von Pannell Kerr Forster herausgegebenen German Trends betrachten folgende Größen: Room Occupancy, Average Achieved Room Rate, Discount on Standard Tariff, Multiple Occupancy Factor, Daily Rooms Yield, Food Sales, Beverage Sales, Combined F&B Sales, Cost of Food Sales und Cost of Beverage Sales. Die im Mittelpunkt der Untersuchungen stehenden Städte sind Berlin, Bremen, Dresden, Düsseldorf, Essen, Frankfurt, Hamburg, Köln, Leipzig, München, Stuttgart, Hannover, Mannheim, Nürnberg und Wiesbaden.

Orientierungswerte auf Basis der besten Betriebe der Gruppe	
Stadthotels Normale Ausstattung	
1. Angaben zu Größenverhältnissen (Quantität)	
- Zahl der Zimmer / Betten	40 / 70
- Zahl der Sitzplätze in Governmenträumen	150
- Zahl der Vollbeschäftigten	14
davon: Lohn- und Gehaltsempfänger	13
- Umsatzerwartung	1.600.000 DM
- Gebundenes Kapital (bei Eigentumsbetrieben)	2.000.000 DM
- Pachtsatz (bei Pachtbetrieben)	12 %
2. Typische Ertragsstruktur (in % des Betriebsertrages)	
- Beherbergung	35
- Speisen, Getränke, Handelsware	60
- Sonstiges	5
Betriebsertrag insgesamt	100
3. Betriebsbedingte Aufwendungen (in % des Betriebsertrages)	
- Waren	18
- Personal	33
- Betrieb und Verwaltung	20
Insgesamt	71
4. Betriebserfolg (absolut und in % des Betriebsertrages)	
- Betriebsergebnis I	464.000 DM / 29 %
- Gewinn vor Steuern	128.000 DM / 8 %
- Cash Flow - Eigentümerbetriebe	256.000 DM / 16 %
- Pächterbetriebe	176.000 DM / 11 %
5. Betriebswirtschaftliche Kennziffern	
- Belegungsquote	55 %
- Beherbergungsertrag pro Übernachtung	48 DM
- Beherbergungsertrag pro belegtes Zimmer	70 DM
- Gewinn pro Betriebsstunde	28 DM
- Wareneinsatzquote	30 %

Abbildung 20: Orientierungswerte für Stadthotels normaler Ausstattung 1995 [84]

---

84 Quelle: Maschke, Möller, Scherr (1997), S. 93

Orientierungswerte auf Basis der besten Betriebe der Gruppe	
Stadthotels Gehobene Ausstattung	
1. Angaben zu Größenverhältnissen (Quantität)	
- Zahl der Zimmer / Betten	60 / 100
- Zahl der Sitzplätze in Galträumen	200
- Zahl der Vollbeschäftigten	27
davon: Lohn- und Gehaltsempfänger	27
- Umsatzerwartung	3.300.000 DM
- Gebundenes Kapital (bei Eigentumsbetrieben)	3.750.000 DM
- Pachtsatz (bei Pachtbetrieben)	15 %
2. Typische Ertragsstruktur (in % des Betriebsertrages)	
- Beherbergung	40
- Speisen, Getränke, Handelsware	52
- Sonstiges	8
Betriebsertrag insgesamt	100
3. Betriebsbedingte Aufwendungen (in % des Betriebsertrages)	
- Waren	14
- Personal	38
- Betrieb und Verwaltung	20
Insgesamt	72
4. Betriebserfolg (absolut und in % des Betriebsertrages)	
- Betriebsergebnis I	924.000 DM / 28 %
- Gewinn vor Steuern	165.000 DM / 5 %
- Cash Flow — Eigentümerbetriebe	495.000 DM / 15 %
— Pächterbetriebe	264.000 DM / 8 %
5. Betriebswirtschaftliche Kennziffern	
- Belegungsquote	55 %
- Beherbergungsertrag pro Übernachtung	82 DM
- Beherbergungsertrag pro belegtes Zimmer	110 DM
- Gewinn pro Betriebsstunde	28 DM
- Wareneinsatzquote	28 %

Abbildung 21: Orientierungswerte für Stadthotels gehobener Ausstattung 1995 [85]

---

85 Quelle: Maschke, Möller, Scherr (1997), S. 94

Orientierungswerte auf Basis der besten Betriebe der Gruppe	
Stadthotels **First-Class Ausstattung**	
1. Angaben zu Größenverhältnissen (Quantität)	
- Zahl der Zimmer / Betten	225 / 400
- Zahl der Sitzplätze in Gasträumen	900
- Zahl der Vollbeschäftigten	133
davon: Lohn- und Gehaltsempfänger	133
- Umsatzerwartung	20.000.000 DM
- Gebundenes Kapital (bei Eigentumsbetrieben)	25.000.000 DM
- Pachtsatz (bei Pachtbetrieben)	16 %
2. Typische Ertragsstruktur (in % des Betriebsertrages)	
- Beherbergung	50
- Speisen, Getränke, Handelsware	40
- Sonstiges	10
Betriebsertrag insgesamt	100
3. Betriebsbedingte Aufwendungen (in % des Betriebsertrages)	
- Waren	10
- Personal	38
- Betrieb und Verwaltung	24
Insgesamt	73
4. Betriebserfolg (absolut und in % des Betriebsertrages)	
- Betriebsergebnis I	5.400.000 DM / 27 %
- Gewinn vor Steuern	1.000.000 DM / 5 %
- Cash Flow - Eigentümerbetriebe	3.200.000 DM / 16 %
- Pächterbetriebe	1.600.000 DM / 8 %
5. Betriebswirtschaftliche Kennziffern	
- Belegungsquote	60 %
- Beherbergungsertrag pro Übernachtung	150 DM
- Beherbergungsertrag pro belegtes Zimmer	200 DM
- Gewinn pro Betriebsstunde	160 DM
- Wareneinsatzquote	27 %

Abbildung 22: Orientierungswerte für Stadthotels mit First-Class Ausstattung 1995 [86]

---

[86] Quelle: Maschke, Möller, Scherr (1997), S. 95

Orientierungswerte auf Basis der besten Betriebe der Gruppe	
Hotels Garnis Normale Ausstattung	
1. Angaben zu Größenverhältnissen (Quantität)	
- Zahl der Zimmer / Betten	35 / 60
- Zahl der Sitzplätze in Gasträumen	60
- Zahl der Vollbeschäftigten	5
davon: Lohn- und Gehaltsempfänger	4
- Umsatzerwartung	620.000 DM
- Gebundenes Kapital (bei Eigentumsbetrieben)	700.000 DM
- Pachtsatz (bei Pachtbetrieben)	22 %
2. Typische Ertragsstruktur (in % des Betriebsertrages)	
- Beherbergung	67
- Speisen, Getränke, Handelsware	28
- Sonstiges	5
Betriebsertrag insgesamt	100
3. Betriebsbedingte Aufwendungen (in % des Betriebsertrages)	
- Waren	8
- Personal	27
- Betrieb und Verwaltung	25
Insgesamt	60
4. Betriebserfolg (absolut und in % des Betriebsertrages)	
- Betriebsergebnis I	248.000 DM / 40 %
- Gewinn vor Steuern	62.000 DM / 10 %
- Cash Flow - Eigentümerbetriebe	112.000 DM / 18 %
- Pächterbetriebe	75.000 DM / 12 %
5. Betriebswirtschaftliche Kennziffern	
- Belegungsquote	50 %
- Beherbergungsertrag pro Übernachtung	42 DM
- Beherbergungsertrag pro belegtes Zimmer	65 DM
- Gewinn pro Betriebsstunde	13,50 DM
- Wareneinsatzquote	27 %

Abbildung 23: Orientierungswerte für Hotels Garnis normaler Ausstattung 1995 [87]

---

[87] Quelle: Maschke, Möller, Scherr (1997), S. 101

Orientierungswerte auf Basis der besten Betriebe der Gruppe	
Hotels Garnis Gehobene Ausstattung	
1. Angaben zu Größenverhältnissen (Quantität)	
- Zahl der Zimmer / Betten	70 / 120
- Zahl der Sitzplätze in Governmenträumen	135
- Zahl der Vollbeschäftigten	17
davon: Lohn- und Gehaltsempfänger	17
- Umsatzerwartung	2.630.000 DM
- Gebundenes Kapital (bei Eigentumsbetrieben)	3.300.000 DM
- Pachtsatz (bei Pachtbetrieben)	22 %
2. Typische Ertragsstruktur (in % des Betriebsertrages)	
- Beherbergung	70
- Speisen, Getränke, Handelsware	22
- Sonstiges	8
Betriebsertrag insgesamt	100
3. Betriebsbedingte Aufwendungen (in % des Betriebsertrages)	
- Waren	6
- Personal	33
- Betrieb und Verwaltung	21
Insgesamt	60
4. Betriebserfolg (absolut und in % des Betriebsertrages)	
- Betriebsergebnis I	1.052.000 DM / 40 %
- Gewinn vor Steuern	263.000 DM / 10 %
- Cash Flow - Eigentümerbetriebe	474.000 DM / 18 %
- Pächterbetriebe	316.000 DM / 12 %
5. Betriebswirtschaftliche Kennziffern	
- Belegungsquote	60 %
- Beherbergungsertrag pro Übernachtung	90 DM
- Beherbergungsertrag pro belegtes Zimmer	120 DM
- Gewinn pro Betriebsstunde	55 DM
- Wareneinsatzquote	25 %

Abbildung 24: Orientierungswerte für Hotels Garnis gehobener Ausstattung 1995[88]

---

88 Quelle: Maschke, Möller, Scherr (1997), S. 102

Orientierungswerte auf Basis der besten Betriebe der Gruppe	
Apartmenthotels Ohne Gastronomie	
1. Angaben zu Größenverhältnissen (Quantität)	
- Zahl der Zimmer / Betten	55 / 135
- Zahl der Sitzplätze in Governmenträumen	-
- Zahl der Vollbeschäftigten	9
davon: Lohn- und Gehaltsempfänger	9
- Umsatzerwartung	1.600.000 DM
- Gebundenes Kapital (bei Eigentumsbetrieben)	2.400.000 DM
- Pachtsatz (bei Pachtbetrieben)	28 %
2. Typische Ertragsstruktur (in % des Betriebsertrages)	
- Beherbergung	80
- Speisen, Getränke, Handelsware	-
- Sonstiges	20
Betriebsertrag insgesamt	100
3. Betriebsbedingte Aufwendungen (in % des Betriebsertrages)	
- Waren	-
- Personal	25
- Betrieb und Verwaltung	30
4. Betriebserfolg (absolut und in % des Betriebsertrages)	
- Betriebsergebnis I	720.000 DM / 45 %
- Gewinn vor Steuern	192.000 DM / 12 %
- Cash Flow - Eigentümerbetriebe	400.000 DM / 25 %
- Pächterbetriebe	240.000 DM / 15 %
5. Betriebswirtschaftliche Kennziffern	
- Belegungsquote	70 %
- Beherbergungsertrag pro Übernachtung	54 DM
- Beherbergungsertrag pro belegter Wohneinheit	100 DM
- Gewinn pro Betriebsstunde	45 DM
- Wareneinsatzquote	-

Abbildung 25: Orientierungswerte für Apartmenthotels ohne Gastronomie 1995[89]

---

[89] Quelle: Maschke, Möller, Scherr (1997), S. 103

3.6. Investitionsentscheidungen

Das Tätigen von Investitionen ist eine Managementaufgabe, der insbesondere aufgrund der damit verbundenen Folgewirkungen eine hohe Bedeutung zukommt. So können fehlerhafte Investitionsentscheidungen oftmals nur sehr schwer revidiert werden. Zudem bewegen sich die Kapitalbindungen häufig in relativ großen Dimensionen. Hinzu kommt, daß Investitionen in der Regel eine deutliche Liquiditätsbelastung nach sich ziehen. So ist der durch eine Investition ausgelöste Zahlungsstrom dadurch gekennzeichnet, daß zunächst eine Auszahlung erfolgt, welche die finanzwirtschaftliche Bewegungsfreiheit des Unternehmens oftmals erheblich einschränkt, und erst in späterer Zeit Einzahlungen erfolgen, deren Höhe nur geschätzt werden kann.

Die Investitionsentscheidung darf nicht punktuell gesehen werden[90]. Es liegt ein Entscheidungsprozeß vor, der sich über verschiedene Phasen hinweg erstreckt[91]. Die erste Phase des Investitionsentscheidungsprozesses ist die Anregungsphase. Dabei sollte möglichst vorausschauend verfahren werden, das heißt, die Entscheidungsträger sollten sich bemühen, die Notwendigkeit von Investitionen frühzeitig zu erkennen. Hierzu ist eine aufmerksame Betrachtung des Geschehens im Unternehmen und in der Umwelt des Unternehmens nötig. Die nächste Phase des Investitionsentscheidungsprozesses ist die Suchphase. Hier werden die in Frage kommenden Investitionsalternativen gesammelt, wobei noch keine Vorbewertung erfolgen sollte. Zudem ist auf eine möglichst vollständige Erfassung der Investitionsalternativen zu achten. Daran schließt sich die Auswahlphase an. Diese setzt voraus, daß das Unternehmen Entscheidungsregeln zur Verfügung hat, welche relative Vorteilhaftigkeiten identifizieren. Die Entscheidungsregeln, die in der Auswahlphase zum Einsatz kommen, werden Investitionsrechenverfahren genannt. Sie sind Entscheidungsregeln, die Investitionen quantitativ bewerten und somit vergleichbar machen. Hinzu kommt die Realisationsphase, in der die zuvor ausgewählte Investitionsalternative durchgeführt wird. Die letzte Phase des Investitionsentscheidungsprozesses ist die Kontrollphase. Hier wird ein Soll-Ist-Vergleich durchgeführt. Der in der Auswahlphase geplante Zahlungsstrom wird mit dem tatsächlich eingetretenen Zahlungsstrom verglichen.

---

90 Vgl. hierzu und im folgenden Perridon, Steiner (1997), S. 27 ff.
91 Diese Auffassung ist eine der wesentlichen Aussagen der entscheidungsorientierten Betriebswirtschaftslehre. Vgl. hierzu ausführlich Heinen (1991), S. 12 ff.

Das Investitionsproblem läßt sich weiter systematisieren, wenn man die Investitionsarten betrachtet. Diese können nach den Kriterien Art des Investitionsprojekts und zugrundeliegender Investitionsanlaß unterschieden werden. Die erste Gruppierung umfaßt Sachinvestitionen, Finanzinvestitionen und immaterielle Investitionen. Sachinvestitionen sind Auszahlungen, die zur Anschaffung von Sachgütern geleistet werden. Hotelbetriebliche Beispiele hierfür sind Auszahlungen zum Erwerb eines neuen Grundstücks oder eines neuen Gebäudes sowie Auszahlungen zum Erwerb einer neuen EDV-Anlage. Finanzinvestitionen sind Auszahlungen, die für den Erwerb von Finanzanlagen getätigt werden. Hier fehlt der Bezug zum operativen Geschäft. Ein Beispiel ist etwa der Erwerb von Wertpapieren. Immaterielle Investitionen sind Auszahlungen, die getätigt werden, um nichtkörperliche Güter außerhalb des Finanzbereichs zu erwerben. Hierzu zählt beispielsweise der Kauf von Software. Die zweite Gruppierung beinhaltet die Investitionsformen Gründungsinvestition, Ersatzinvestition, Erweiterungsinvestition und Rationalisierungsinvestition. Eine Gründungsinvestition ist eine Investition, deren Anlaß die Aufnahme des Hotelgeschäftsbetriebs ist. Hierzu rechnen alle Auszahlungen, die notwendig sind, um das Unternehmen in einen betriebsbereiten Zustand zu versetzen, also auch die Auszahlungen, die im Rahmen des Pre-Openings anfallen. Ersatzinvestitionen sind Investitionen, die das Unternehmen tätigt, um einen bisher genutzten Vermögensgegenstand durch einen anderen zu ersetzen, wobei es für das Vorliegen des Begriffs wesentlich ist, daß hiermit keine Erhöhung der hotelbetrieblichen Leistungsfähigkeit einhergeht. Ein Beispiel hierfür ist etwa der Erwerb einer neuen Zimmereinrichtung, die in Quantität und Qualität dem Zustand entspricht, den die ersetzte Zimmereinrichtung ursprünglich hatte. Erweiterungsinvestitionen sind Investitionen, die zu einer Erhöhung der hotelbetrieblichen Leistungsfähigkeit führen, wobei es für das Vorliegen dieser Investitionsart grundsätzlich unerheblich ist, ob ein bisher da gewesener Vermögensgegenstand durch einen besseren ersetzt wird oder ob ein neuer Vermögensgegenstand hinzu gekauft wird. Beispiele hierfür sind etwa der Erwerb eines neuen und besseren Reservierungssystems sowie die Anschaffung eines zusätzlichen Fahrzeugs.

Das Hotel-Controlling unterstützt Investitionsentscheidungen vor allem in Gestalt der oben bereits angesprochenen Investitionsrechenverfahren. Diese Controllingtechniken lassen sich in zwei Gruppen unterteilen. Die erste Gruppe sind die statischen Investitionsrechenverfahren. Sie sind dadurch gekennzeichnet, daß bei der Investitionsbeurteilung die Variable Zeit entweder überhaupt nicht oder nur unvollständig berücksichtigt wird. Hierzu zählen die Kostenvergleichsrechnung, die Gewinnvergleichsrechnung, die Rentabilitätsvergleichsrechnung und die Amortisationsrechnung. Die zweite Gruppe sind die dynamischen Investitionsrechenverfahren. Sie beziehen die Variable Zeit in die Bewertung der Investitionsalternativen mit ein. Das bekannteste dynamische Investitionsrechenverfahren ist die Kapitalwertmethode.

Die Kostenvergleichsrechnung ist ein Investitionsrechenverfahren, das zur Beurteilung von Investitionsalternativen ausschließlich die Investitionskosten betrachtet. Die von der Kostenvergleichsrechnung vorgegebene Entscheidungsregel lautet, daß das Unternehmen diejenige Investitionsalternative realisieren soll, welche die geringsten Kosten verursacht. Dabei werden alle durch die jeweiligen in Frage kommenden Investitionsvorhaben verursachten Kosten in die Rechnung einbezogen. Im einzelnen werden betrachtet: pagatorische Folgekosten, Abschreibungen und kalkulatorische Zinsen.

Die pagatorischen Folgekosten sind die auszahlungswirksamen Kosten, die durch die Anschaffung des Vermögensgegenstandes über den Anschaffungspreis hinaus auftreten. Hierzu zählen beispielsweise die Kosten der Instandhaltung. Die Abschreibungen sind Kosten, die durch die im Zeitablauf eintretenden Wertminderungen des erworbenen Vermögensgegenstandes entstehen. Sie ergeben sich, indem der Anschaffungspreis auf die jeweilige Nutzungsdauer des erworbenen Vermögensgegenstandes verteilt wird. Die kalkulatorischen Zinsen sind Kosten, die dadurch entstehen, daß durch die Entscheidung für eine Investitionsalternative das hiermit gebundene Kapital einer anderweitigen Verwendung entzogen wird. Um einen möglichst realistischen Zinssatz zu verwenden, empfiehlt sich eine Orientierung am aktuell gültigen Kapitalmarktzinssatz. Er repräsentiert die Opportunitätskosten der zu beurteilenden Kapitalbindung in einer einsichtigen Weise. So kann das Unternehmen, wenn es eine bestimmte Summe zu investiven Zwecken verwendet, diesen Betrag nicht nutzen, um in Gestalt einer risikolosen Finanzanlage sichere Erträge zu erwirtschaften. Der Kapitalmarktzinssatz sollte als Mindestgröße verstanden werden, die durch einen als Risikoprämie zu verstehenden Aufschlag zu erhöhen ist. Dieser Aufschlag ist notwendig, um das Auseinanderfallen von risikobehafteter Investition und risikoloser Finanzanlage abzubilden. Errechnet werden die kalkulatorischen Zinsen, indem der gewählte Zinssatz auf das im Durchschnitt des Jahres gebundene Kapital bezogen wird. Dieses errechnet sich unter der meist unterstellten Voraussetzung, daß der Vermögensgegenstand, in den zu investieren ist, am Ende seiner Nutzungsdauer keinen Wert mehr besitzt, als die Hälfte des Anschaffungspreises.

Die **Kostenvergleichsrechnung**, wie auch die anderen Investitionsrechenverfahren, soll an Hand eines hotelbetrieblichen Beispiels veranschaulicht werden. Hierzu wird ein Hotel betrachtet, das die Einrichtung eines Fitness-Studios plant, wobei zwei verschiedene Alternativen zur Auswahl stehen. Die erste Alternative beinhaltet viele Geräte, die allerdings eine relativ geringe Qualität aufweisen. Die zweite Alternative weist wenige, aber hochwertige Geräte auf. Es liegen die nachstehenden Planwerte vor.

	Fitness-Studio I	Fitness-Studio II
Anschaffungspreis in DM	200.000	300.000
Nutzungsdauer in Jahren	4	5
Abschreibungen pro Jahr in DM	50.000	60.000
Kosten der Instandhaltung pro Jahr in DM	25.000	5.000
Energiekosten pro Jahr in DM	8.000	3.000
Durchschnittlich gebundenes Kapital in DM	100.000	150.000
Kalkulatorische Zinsen (10 %) pro Jahr in DM	10.000	15.000
Gesamtkosten pro Jahr in DM	93.000	83.000

Die erste Alternative ist, was den Anschaffungspreis angeht, relativ günstig. Hier müssen zum Erwerb der verschiedenen Geräte 200.000 DM aufgewendet werden, wohingegen die zweite Alternative, die höherwertige Geräte umfaßt, mit 300.000 DM erheblich teurer ist. Aufgrund ihrer besseren Qualität fallen allerdings geringere Instandhaltungskosten an. Auch die Energiekosten sind bei dieser Alternative geringer. Um sich nach der Kostenvergleichsrechnung zwischen den beiden Alternativen entscheiden zu können, sind die jeweiligen Kostenkomponenten zu addieren. Es zeigt sich, daß das zweite Fitness-Studio mit 83.000 DM jährlichen Gesamtkosten um 10.000 DM kostengünstiger ist als das erste Fitness-Studio.

Die **Gewinnvergleichsrechnung** stellt eine Erweiterung der Kostenvergleichsrechnung dar. Sie bezieht zusätzlich zu den Kosten auch die Umsatzseite mit in die Rechnung ein, womit sie, unter der Voraussetzung, daß die Umsätze hinreichend genau abgeschätzt werden können, das bessere Verfahren darstellt. Die Gewinnvergleichsrechnung gibt dem Unternehmen die Entscheidungsregel vor, diejenige Investitionsalternative zu wählen, die den höheren Gewinn verspricht. Die Entscheidungsvariable Gewinn wird errechnet, indem die im Jahresdurchschnitt anfallenden Gesamtkosten von den im Jahresdurchschnitt erzielbaren Umsätzen abgezogen werden.

	Fitness-Studio I	Fitness-Studio II
Anschaffungspreis in DM	200.000	300.000
Nutzungsdauer in Jahren	4	5
Abschreibungen pro Jahr in DM	50.000	60.000
Kosten der Instandhaltung pro Jahr in DM	25.000	5.000
Energiekosten pro Jahr in DM	8.000	3.000
Durchschnittlich gebundenes Kapital in DM	100.000	150.000
Kalkulatorische Zinsen (10 %) pro Jahr in DM	10.000	15.000
Gesamtkosten pro Jahr in DM	93.000	83.000
Preis pro Besuch in DM	10	10
Anzahl der Besucher pro Tag	30	25
Umsatz pro Jahr in DM	109.500	91.250
Gewinn pro Jahr in DM	16.500	8.250

Da die erste Alternative mehr Geräte beinhaltet, können auch mehr Gäste das Fitness-Studio nutzen. Hinzu kommt, daß trotz der unterschiedlichen Gerätequalität realistischerweise der gleiche Eintrittspreis zugrunde zu legen ist, so daß die Umsätze, die mit dem ersten Fitness-Studio erzielbar sind, höher sind, als die Umsätze der zweiten Alternative. Wendet das Unternehmen die Gewinnvergleichsrechnung an, entscheidet es sich bei den hier zugrundeliegenden Daten für das Fitness-Studio I.

Das dritte Investitionsrechenverfahren, die Rentabilitätsrechnung, ermittelt die Güte von Investitionsalternativen, indem der im Jahresdurchschnitt erzielbare Gewinn auf das durchschnittlich gebundene Kapital bezogen wird.

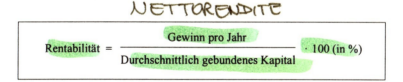

$$\text{Rentabilität} = \frac{\text{Gewinn pro Jahr}}{\text{Durchschnittlich gebundenes Kapital}} \cdot 100 \text{ (in \%)}$$

Hiernach würde sich das Unternehmen wieder für das erste Fitness-Studio entscheiden. Es weist eine Rentabilität von 16,5 % auf, wohingegen die Entscheidung für das zweite Fitness-Studio eine Rentabilität von 5,5 % erbringen würde[92].

---

92 Die Rentabilität einer Investition kann auch dergestalt ermittelt werden, daß der jährliche Gewinn ohne Berücksichtigung der kalkulatorischen Zinsen ermittelt wird. In diesem Fall spricht man von einer Bruttorendite. Im oben dargestellten Fall spricht man von einer Nettorendite. Hier sind die kalkulatorischen Zinsen bereits abgesetzt.

Das vierte statische Investitionsrechenverfahren, die Amortisationsrechnung, legt die Entscheidungsregel zugrunde, daß diejenige Investitionsalternative zu wählen ist, welche die geringste Amortisationszeit aufweist. Die Amortisationszeit ist der in Jahren gemessene Zeitpunkt, zu dem der Anschaffungspreis durch die von der Investition ausgelösten Kapitalrückflüsse genau abgedeckt ist.

$$\text{Amortisationszeit} = \frac{\text{Anschaffungspreis}}{\text{Durchschnittlicher Rückfluß pro Jahr}} \quad \text{(in Jahren)}$$

Nach diesem Verfahren würde die Entscheidung erneut auf das erste Fitness-Studio fallen. Diese Investitionsalternative weist eine Amortisationszeit von 2,6 Jahren auf. Das zweite Fitness-Studio hat hingegen eine Amortisationszeit von 3,6 Jahren.

Die Kapitalwertmethode, die hier stellvertretend für die dynamischen Investititionsrechenverfahren dargestellt wird, beurteilt Investitionsalternativen nach ihrem Kapitalwert. Der Kapitalwert ist der gegenwärtige Wert einer sich in die Zukunft erstreckenden Zahlungsreihe. Er errechnet sich als die Summe der auf den gegenwärtigen Betrachtungszeitpunkt abgezinsten Cash Flows, die aus der Zahlungsreihe resultieren. Durch diese Berechnungsform wird die finanzwirtschaftliche Tatsache abgebildet, daß eine Zahlung um so weniger wert ist, je später sie erfolgt.

Der Kapitalwert einer Zahlungsreihe, welche sich aus zu den Zeitpunkten t realisierten Cash Flows CF_t zusammensetzt, errechnet sich unter Anwendung eines Abzinsungsfaktors r, welcher als Kalkulationszinssatz bezeichnet wird und sinnvollerweise nach dem aktuellen Kapitalmarktzinssatz bemessen wird, wie folgt:

$$C_0 = \sum_{t=0}^{n} \frac{CF_t}{(1+r)^t}$$

Die Kapitalwertmethode kann in zwei Situationen als Verfahren zur Beurteilung von Investitionen herangezogen werden. Die erste Situation ist, daß die Vorteilhaftigkeit einer einzigen Investitionsalternative beurteilt werden soll. In diesem Fall gilt die Entscheidungsregel, daß die Investition sich dann als durchführbar anbietet, wenn der Kapitalwert der durch die Investitionsentscheidung ausgelösten Zahlungsreihe einen positiven Wert aufweist. Dies gilt, da dann die Rendite der Investition höher ist als die am Kapitalmarkt erzielbare Rendite. Die zweite Situation ist, daß mehrere Investitionsalternativen hinsichtlich ihrer relativen Vorteilhaftigkeit beurteilt werden sollen. In diesem Fall fordert die Kapitalwertmethode, daß diejenige Investitionsalternative durchzuführen ist, welche den höchsten Kapitalwert aufweist. Zur Veranschaulichung der Kapitalwertmethode wird wieder auf das obige Beispiel Bezug genommen, wobei sich zeigt, daß die erste Investitionsalternative der zweiten gegenüber vorzuziehen ist.

Fitness-Studio I						
	t = 0	t = 1	t = 2	t = 3	t = 4	Summe
Anschaffungspreis in DM	200.000					
Kosten der Instandhaltung in DM		10.000	15.000	35.000	40.000	100.000
Energiekosten in DM		8.000	8.000	8.000	8.000	32.000
Preis pro Besuch in DM		10	10	10	10	
Anzahl der Besucher pro Tag		20	25	35	40	
Umsatz in DM		73.000	91.250	127.750	146.000	438.000
Cash Flow in DM	-200.000	55.000	68.250	84.750	98.000	106.000
Diskontierter Cash Flow in DM	-200.000	50.000	56.405	63.674	66.935	37.014

Fitness-Studio II						
	t = 0	t = 1	t = 2	t = 3	t = 4	Summe
Anschaffungspreis in DM	300.000					
Kosten der Instandhaltung in DM		2.000	4.000	5.000	9.000	20.000
Energiekosten in DM		3.000	3.000	3.000	3.000	12.000
Preis pro Besuch in DM		10	10	10	10	
Anzahl der Besucher pro Tag		15	20	25	40	
Umsatz in DM		54.750	73.000	91.250	146.000	365.000
Cash Flow in DM	-300.000	49.750	66.000	83.250	134.000	33.000
Diskontierter Cash Flow in DM	-300.000	45.227	54.545	62.547	91.524	-46.157

3.7. Deckungsbeitrags-Flußrechnung im Beherbergungsbereich

Die im Beherbergungsbereich angewandte Deckungsbeitrags-Flußrechnung ist eine Controllingtechnik, die darauf abzielt, die Ursachen von Veränderungen des Deckungsbeitrags Beherbergung in quantifizierter Form aufzuzeigen[93].

Abbildung 26: Bedeutung der Deckungsbeitrags-Flußrechnung Beherbergung

---

93 Vgl. hierzu und im folgenden Schaetzing (1996), S. 181 ff.

Das Verfahren, dessen Bedeutung vor dem Hintergrund des Beherbergungsbereich in seiner Eigenschaft als deckungsbeitragsstärkstes Profit Center gesehen werden muß, basiert auf einer Definition des Deckungsbeitrags, welche diese zentrale Steuerungsgröße als Differenz zwischen Umsatz und relevanten Kosten versteht.

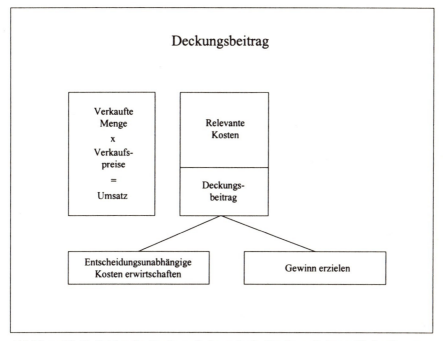

Abbildung 27: Definition des Deckungsbeitrags in der Deckungsbeitrags-Flußrechnung Beherbergung

Der Deckungsbeitrag Beherbergung und damit auch im Zeitablauf eingetretene Veränderungen des Deckungsbeitrags Beherbergung sind von der verkauften Menge, den erzielten Verkaufspreisen sowie den relevanten Kosten abhängig. Die Leistung der Deckungsbeitrags-Flußrechnung Beherbergung besteht darin, den jeweiligen Einfluß dieser Faktoren auf Veränderungen des Deckungsbeitrags zu quantifizieren. Die hierdurch erzielten Ergebnisse können als Grundlage gezielter Managemententscheidungen verwendet werden.

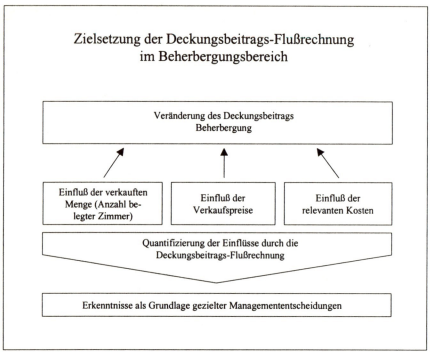

Abbildung 28: Zielsetzung der Deckungsbeitrags-Flußrechnung Beherbergung[94]

Die Deckungsbeitrags-Flußrechnung soll an Hand eines Beispiels verdeutlicht werden. Hierbei wird von einem Hotel ausgegangen, das die Segmente Rack, Company, Conference und Groups bearbeitet.

Das Haus erzielte im Juni 1995 einen Deckungsbeitrag Beherbergung von 280.870 DM. Dieser ist im gleichen Monat des Jahres 1996 auf 259.925 DM gesunken. Dies bedeutet eine Verringerung des Deckungsbeitrags in Höhe von 20.945 DM.

Aufgabe der Deckungsbeitrags-Flußrechnung Beherbergung ist es nun, diese Deckungsbeitragsverringerung insofern zu erklären, als der jeweilige Einfluß der den Deckungsbeitrag bestimmenden Faktoren quantifiziert wird.

---

94 Quelle: In Anlehnung an Schaetzing (1996), S. 182

Ausgangsdaten

Zimmerkapazität pro Zeitperiode:		4.500								
		Hotel insgesamt		Rack		Company		Conference		Groups	
Zeitperioden		06/95	06/96	06/95	06/96	06/95	06/96	06/95	06/96	06/95	06/96
Anzahl belegter Zimmer		2.690	2.770	960	610	730	780	350	410	650	970
Umsatz	DM	350.990	338.560	152.640	101.870	91.250	95.940	43.400	52.480	63.700	88.270
Relevante Kosten	DM	70.120	78.635	24.096	16.531	17.374	19.734	9.800	12.300	18.850	30.070
Deckungsbeitrag Beherbergung	DM	280.870	259.925	128.544	85.339	73.876	76.206	33.600	40.180	44.850	58.200
Zimmerbelegung	%	59,78	61,56	21,33	13,56	16,22	17,33	7,78	9,11	14,44	21,56
Ø Hotelzimmerpreis	DM	130,48	122,22	159,00	167,00	125,00	123,00	124,00	128,00	98,00	91,00
Ø relevante Kosten / Zimmer	DM	26,07	28,39	25,10	27,10	23,80	25,30	28,00	30,00	29,00	31,00
Ø Deckungsbeitrag / Zimmer	DM	104,41	93,84	133,90	139,90	101,20	97,70	96,00	98,00	69,00	60,00

Erklärungsbedürftige Ergebnisabweichung: **- 20.945** → Erklärung durch die Deckungsbeitrags-Flußrechnung

Abbildung 29: Ausgangsdaten des Beispiels zur Deckungsbeitrags-Flußrechnung Beherbergung

Die Deckungsbeitrags-Flußrechnung Beherbergung besteht aus fünf Rechenschritten.

Zunächst ist zu ermitteln, welchen Einfluß die veränderten Verkaufspreise auf die Deckungsbeitragsveränderung gehabt haben. Hierzu wird in jedem Segment die Veränderung des jeweiligen durchschnittlichen Hotelzimmerpreises mit dem zugehörigen Mittelwert der belegten Zimmer multipliziert.

Schritt 1: Berechnung des Einflusses der veränderten Verkaufspreise

Segmentierung	Ø Hotelzimmerpreis		Veränderung	Mittelwert der belegten Zimmer	Einfluß auf den Deckungsbeitrag
	06/95	06/96		x	=
Rack	159,00	167,00	+ 8,00	785,00	+ 6.280,00
Company	125,00	123,00	- 2,00	755,00	- 1.510,00
Conference	124,00	128,00	+ 4,00	380,00	+ 1.520,00
Groups	98,00	91,00	- 7,00	810,00	- 5.670,00
				Gesamt:	+ 620,00

Es zeigt sich, daß die Veränderung der Verkaufspreise den Deckungsbeitrag Beherbergung insgesamt betrachtet um 620 DM erhöht haben. Für diesen positiven Effekt war insbesondere das Segment der Vollzahler verantwortlich, in dem die Erhöhung des durchschnittlichen Hotelzimmerpreises einen Deckungsbeitragszuwachs von 6.280 DM erbracht hat.

Sodann ermittelt die Deckungsbeitrags-Flußrechnung Beherbergung, welchen Einfluß die veränderten relevanten Kosten auf die eingetretene Deckungsbeitragsveränderung gehabt haben. Hierzu werden die Veränderungen der relevanten Kosten jedes Segments mit den zugehörigen Mittelwerten der belegten Zimmer multipliziert.

Schritt 2: Berechnung des Einflusses der veränderten relevanten Kosten

Segmentierung	Ø relevante Kosten / Zimmer		Veränderung	Mittelwert der belegten Zimmer	Einfluß auf den Deckungsbeitrag
	06/95	06/96		x	=
Rack	25,10	27,10	+ 2,00	785,00	- 1.570,00
Company	23,80	25,30	+ 1,50	755,00	- 1.132,50
Conference	28,00	30,00	+ 2,00	380,00	- 760,00
Groups	29,00	31,00	+ 2,00	810,00	- 1.620,00
				Gesamt:	- 5.082,50

Hiermit ergibt sich, daß die in allen Segmenten vorgenommene Erhöhung der relevanten Kosten den Deckungsbeitrag Beherbergung insgesamt um 5.082,50 DM verringert hat.

Sodann wird der Einfluß der veränderten Verkaufsmengen ermittelt. Hierzu wird in jedem Segment die jeweilige Veränderung der Anzahl belegter Zimmer mit dem zugehörigen Mittelwert des Deckungsbeitrags multipliziert.

Schritt 3: Berechnung des Einflusses der veränderten Verkaufsmengen

Segmentierung	Anzahl belegter Zimmer		Veränderung	Mittelwert der Ø Deckungsbeiträge / Zimmer	Einfluß auf den Deckungsbeitrag
	06/95	06/96		x	=
Rack	960	610	- 350,00	136,90	- 47.915,00
Company	730	780	+ 50,00	99,45	+ 4.972,50
Conference	350	410	+ 60,00	97,00	+ 5.820,00
Groups	650	970	+ 320,00	64,50	+ 20.640,00
Gesamt	2.690	2.770	+ 80,00	Gesamt:	- 16.482,50
	Gesamtveränderung in %:		+ 2,97 %		

Es zeigt sich, daß die veränderten Verkaufsmengen einen negativen Einfluß in Höhe von 16.482,50 DM auf den Deckungsbeitrag Beherbergung hatten.

Dieses Ergebnis kann nun weiter differenziert werden. So fällt auf, daß sich ein negativer Deckungsbeitragseffekt eingestellt hat, obwohl die Anzahl der belegten Zimmer insgesamt um 80 Zimmer gestiegen ist. Dies liegt offensichtlich an einer Veränderung innerhalb der Verkaufsstruktur.

Um diesen Effekt, der als 'Struktureffekt' bezeichnet wird, zu isolieren, muß zunächst untersucht werden, welcher Einfluß auf den Deckungsbeitrag sich ergeben hätte, wenn sich die Verkaufsstruktur nicht verändert hätte, das heißt, wenn sich die Anzahl der belegten Zimmer in jedem Segment so verändert hätte, wie sich die gesamte Anzahl der belegten Zimmer verändert hat. Der hiermit beschriebene Effekt wird als 'reiner Mengeneffekt' bezeichnet.

Dieser wird ermittelt, indem die prozentuale Gesamtveränderung der Anzahl belegter Zimmer, hier 2,97 %, mit den Ausgangsdaten der Anzahl belegter Zimmer jedes Segments multipliziert wird, um dann die hieraus resultierenden Werte mit dem zugehörigen Mittelwert des durchschnittlichen Deckungsbeitrags pro Zimmer zu multiplizieren.

Schritt 4: Aufspaltung der Ergebnisse des Schrittes 3 in den 'reinen Mengeneffekt'

Segmentierung	Veränderung der Menge + 2,97%	Mittelwert der Ø Deckungsbeiträge / Zimmer x	Einfluß auf den Deckungsbeitrag =
Rack	2,97 % von 960 = + 28,55	136,90	+ 3.908,52
Company	2,97 % von 730 = + 21,71	99,45	+ 2.159,06
Conference	2,97 % von 350 = + 10,41	97,00	+ 1.009,67
Groups	2,97 % von 650 = + 19,33	64,50	+ 1.246,84
Gesamt:	+ 80,00	Gesamt:	+ 8.324,09

Hierauf aufbauend kann nun der 'Struktureffekt' ermittelt werden. Hierzu wird in jedem Segment die Differenz zwischen dem quantifizierten Einfluß der Veränderungen der Anzahl belegter Zimmer und dem zugehörigen 'reinen Mengeneffekt' gebildet.

Schritt 5: Aufspaltung der Ergebnisse des Schrittes 3 in den 'Struktureffekt'

Segmentierung	Einfluß von Veränderungen der Anzahl belegter Zimmer	"Reiner Mengeneffekt"	"Struktureffekt"
		-	=
Rack	- 47.915,00	3.908,52	- 51.823,52
Company	+ 4.972,50	2.159,06	+ 2.813,44
Conference	+ 5.820,00	1.009,67	+ 4.810,33
Groups	+ 20.640,00	1.246,84	+ 19.393,16
Gesamt:	- 16.482,50	8.324,09	- 24.806,59

Es zeigt sich, daß einem positiven 'reinen Mengeneffekt' in Höhe von 8.324,09 DM ein negativer 'Struktureffekt' von 24.806,59 DM gegenübersteht.

Um die Ergebnisse der Deckungsbeitrags-Flußrechnung Beherbergung einer zielführenden Interpretation zu unterziehen, ist es sinnvoll, diese sowohl in Gestalt einer Matrix als auch in Diagrammform zusammenzufassen[95]. Hieraus läßt sich nun eine Vielzahl wesentlicher Schlußfolgerungen ziehen. So wird beispielsweise in differenzierter Form deutlich, inwieweit sich die Entscheidung zur Erhöhung der Preise im Vollzahler-Segment im Endeffekt negativ ausgewirkt hat. Eine weitere hier beispielhaft genannte Interpretation bezieht sich auf die im Segment Groups durchgeführte Preispolitik. Hier werden die Gründe für den Erfolg der Politik differenziert deutlich.

Die gewonnenen Erkenntnisse sind geeignet, als Grundlage zukünftiger Managemententscheidungen zu dienen.

---

95 Vgl. Abbildungen 30 - 32.

98 *Operatives Controlling*

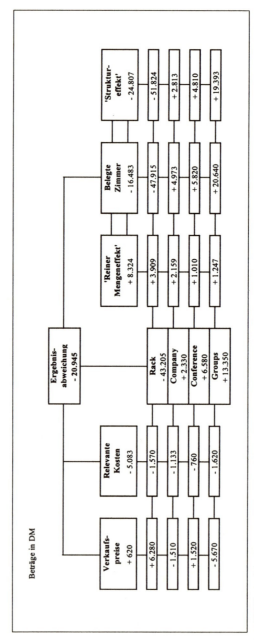

Abbildung 30: Gesamtergebnis in Matrixform

Gesamtergebnis in Diagrammform

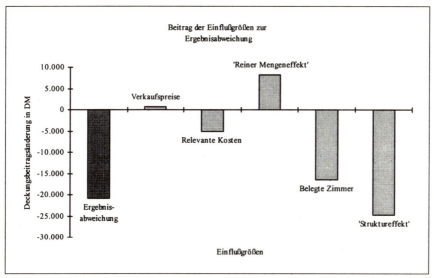

Abbildung 31: Beitrag der Einflußgrößen zur Ergebnisabweichung in Diagrammform

Gesamtergebnis in Diagrammform

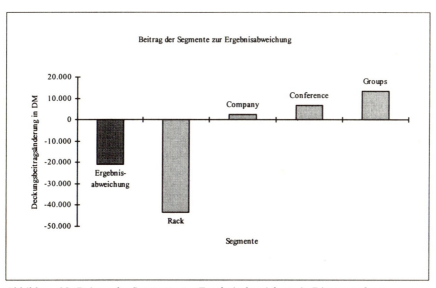

Abbildung 32: Beitrag der Segmente zur Ergebnisabweichung in Diagrammform

3.8. Budgetierung

3.8.1. Grundlagen der Budgetierung

Die Budgetierung zählt zu einer der wichtigsten Aufgaben, die im Rahmen des Hotel-Controlling zu erfüllen sind. Diesem Planungsinstrument, das operativ ausgerichtet ist, kommen verschiedene Funktionen zu[96]. Zunächst ist die Bewilligungsfunktion zu nennen. Hierunter fällt der Aspekt, daß das Budget die finanziellen Kompetenzen der hotelbetrieblichen Entscheidungsträger zum Ausdruck bringt. Zudem ist die Prognosefunktion zu nennen. Hiermit ist die Eigenschaft des Budgets angesprochen, den Adressaten der Budgetierung einen Einblick in die für die Zukunft erwarteten wirtschaftlichen Größen des Hotels zu geben. Besonders zu beachten ist hierbei, daß die Vorgabe von Planwerten auch dem Ziel dient, bei Abweichungen gegenüber den Plandaten rechtzeitig Maßnahmen ergreifen zu können. Des weiteren erfüllt das Budget eine Koordinationsfunktion. Dies gilt insofern, als mit der Budgetierung eine auf die einzelnen Entscheidungsträger abgestimmte Zielformulierung einhergeht. Schließlich ist die Motivationsfunktion zu nennen. Von dieser Funktion ist insofern zu sprechen, als das Budget die Aufgabe erfüllen soll, realistische, aber anspruchsvolle Leistungsziele zu setzen.

Die Budgetierung kann durch das Hotel verschieden organisiert werden[97]. Die erste Alternative ist das Bottom-up-Verfahren. Dieses Budgetierungsverfahren ist dadurch gekennzeichnet, daß der Planungsprozeß von niedrigeren hierarchischen Stufen des Hotels ausgeht und bei höheren hierarchischen Stufen endet. So werden hier zunächst Abteilungsbudgets erstellt, die dann in ein Hotelgesamtbudget überführt werden. Die zweite Alternative ist das Top-down-Verfahren. Hier wird zuerst das Gesamtbudget geplant, das dann auf die einzelnen Abteilungen heruntergebrochen wird. Die dritte organisatorische Alternative der Budgetierung ist das Kombinationsverfahren. Hier wird zunächst wie bei dem Bottom-up-Verfahren geplant, wobei das derart entstandene Hotelgesamtbudget aber noch eine Überarbeitung erfährt, die wieder top down vorgenommen wird. Alle drei organisatorischen Möglichkeiten der Budgeterstellung sind in der Praxis gängig.

---

96 Vgl. Hänssler u.a. (1998), S. 339.
97 Vgl. Holleis (1993), S. 73 ff.

Die Budgetierung weist sowohl Vorteile als auch Nachteile auf[98]. Beginnt man mit den Vorteilen, die mit der Budgetierung einhergehen, ist zunächst der Aspekt zu sehen, daß die Budgetierung einen Kommunikationsprozeß in Gang setzt, der zu einer höheren Identifizierung der am Budgetierungsvorgang Beteiligten mit den betrieblichen Zielsetzungen führt. Hinzu kommt der Vorteil, daß die Budgetierung von den Entscheidungsträgern ein Nachdenken über alternative Managementmaßnahmen fordert. Des weiteren ist in Betracht zu ziehen, daß die Budgetierung jedem Bereich, der an der Budgetierung beteiligt ist, über den Vergleich von geplanten wirtschaftlichen Größen mit den entsprechenden eingetretenen Werten eine eigenständige Bewertung seiner Leistungen ermöglicht. Zudem geht mit der Budgetierung eine in die Zukunft gerichtete Sichtweise des Unternehmensgeschehens einher. Ein weiterer Vorteil der Budgetierung ist schließlich, daß die am Budgetierungsprozeß Beteiligten zu einer umfassenden Suche nach Informationen und deren Verarbeitung angehalten werden. Führt man diesen Gedanken weiter, läßt sich sagen, daß die Budgetierung einen kontinuierlichen Lernprozeß in Gang setzt.

Den genannten Vorteilen stehen einige Nachteile gegenüber. Hierzu zählt zunächst die Zeit, die zur Budgetierung aufgewandt werden muß. Dies gilt besonders, wenn es sich um ein großes Unternehmen handelt. Hinzu kommt, daß mit der Budgetierung oftmals die Tendenz einhergeht, budgetierte Kosten auch dann zu realisieren, wenn sich herausstellt, daß die Kosten überschätzt wurden. Das Budget wird dann des öfteren nur deshalb ausgegeben, um deutlich zu machen, daß die getroffene Einschätzung der zukünftigen Entwicklung richtig war. Auch die Befürchtung, im nächsten Budgetierungszeitraum weniger Mittel zur Verfügung gestellt zu bekommen, kann maßgeblich dafür sein, mehr Kosten zu verursachen, als es eigentlich nötig wäre.

In einer Gesamtbetrachtung überwiegen allerdings meist die Vorteile, so daß die Budgetierung als ein unverzichtbares Instrument des Hotel-Controlling zu kennzeichnen ist.

---

98 Vgl. hierzu und im folgenden Coltman (1994), S. 312 f.

3.8.2. Der Budgetierungsprozeß

Die Budgetierung wird zumeist in mehreren aufeinander folgenden Schritten durchgeführt. Insofern ist von einem Budgetierungsprozeß zu sprechen[99]. Dieser besteht aus vier Komponenten. Die erste Komponente ist die Umsatzbudgetierung. Die zweite Komponente ist die Kostenbudgetierung. Hierauf folgt die Zusammenfassung von Umsatzbudgetierung und Kostenbudgetierung zu einzelnen Ergebnissen. Die letzte Komponente ist die Budgetkontrolle.

Im Rahmen der Umsatzbudgetierung wird zunächst mit der Budgetierung der Umsätze der Beherbergungsabteilung begonnen. Hier wird versucht, sowohl die Anzahl der verkauften Übernachtungen als auch die Hotelzimmerpreise zu planen, um diese beiden Größen zu einem budgetierten Umsatz des Beherbergungsbereichs zusammenzuführen. Um dieses Vorgehen zielkonform zu realisieren, ist eine Prognose des Sales-Mix notwendig. Dies gilt, da zwischen den einzelnen Segmenten, sowohl was die Belegung als auch was die Durchsetzungsfähigkeit der Preise angeht, in der Regel so deutliche Unterschiede bestehen, daß eine Gesamtbudgetierung nicht zielführend sein kann.

Der zweite Schritt ist die Erstellung des Umsatzbudgets der F&B-Abteilung. Diese Teilplanung basiert auf dem im ersten Schritt des Budgetplanungsprozesses ermittelten Umsatzbudget der Beherbergungsabteilung. Hieraus läßt sich der F&B-Umsatz der Hausgäste abschätzen, indem man auf Erfahrungswerte zurückgreift, welche eine Aussage über die Relation von Beherbergungs- und F&B-Umsatz der im Hause übernachtenden Gäste treffen. Hinzu kommt die Abschätzung des F&B-Umsatzes, der mit den externen Gästen einhergeht. Auch im F&B-Bereich wird die Planung getrennt nach Menge und Preis vorgenommen. Das heißt, daß sowohl die Anzahl der Gäste budgetiert wird als auch der durchschnittliche F&B-Umsatz pro Gast, wobei hier den Servicezeiten Frühstück, Mittag und Abend differenziert Rechnung zu tragen ist.

Daran anschließend wird der Umsatz der Nebenabteilungen geplant. Hierzu zählen beispielsweise die Umsätze der Abteilungen Telekommunikation und Garage. Verfügt das Unternehmen beispielsweise über ein Fitness-Center, einen Tennisplatz oder eine Golfanlage, kommen die hier zu erzielenden Umsätze hinzu. Diese Umsätze werden wieder auf Basis des

---

99 Vgl. hierzu ausführlich Schaetzing (1996), S. 310 ff.

prognostizierten Beherbergungsumsatzes geplant, da auch in diesen Bereichen hohe Korrelationen zwischen Beherbergungsumsatz und Einzelumsätzen bestehen.

Sodann wird das Kostenbudget geplant, wobei hierbei eine an das Uniform System of Accounts for the Lodging Industry angelehnte Vorgehensweise zu empfehlen ist. Dies bedeutet konkret, daß genau zwischen denjenigen Kosten unterschieden wird, die sich den einzelnen Profit Center direkt zurechnen lassen, und denjenigen Kosten, die Kosten der Service Center sind, wobei in dieser Reihenfolge budgetiert wird[100].

Beginnt man in diesem Sinne mit dem Personalaufwand, ist zunächst der Personalaufwand der einzelnen Profit Center zu planen. Hierbei wird von den budgetierten Umsätzen der einzelnen Profit Center ausgegangen und festgestellt, welcher Personalaufwand zur Realisierung der geplanten Umsätze notwendig ist. Dementsprechend werden den Profit Center ihre jeweiligen Personalaufwendungen zugewiesen.

Hinzu kommt die Planung des Warenaufwands sowie des sonstigen den Profit Center direkt zurechenbaren Aufwands. Hier wird auf Erfahrungswerte zurückgegriffen, die zumeist in Form prozentualer Relationen zum Umsatzbereich formuliert sind. Hat sich beispielsweise im Laufe der Zeit eine Wareneinsatzquote im F&B-Bereich von 30 % etabliert und will man diese beibehalten, ergibt sich der Warenaufwand, der für die F&B-Abteilung zu budgetieren ist, indem man auf das Umsatzbudget der F&B-Abteilung zurückgreift und den dort ermittelten Wert als Basis für die Budgetierung des Warenaufwands verwendet.

Hierauf folgt nun die Ermittlung der budgetierten Profit Center-Deckungsbeiträge. Diese ergeben sich, indem man die oben beschriebenen, den Profit Center direkt zurechenbaren Kosten von den budgetierten Umsätzen abzieht.

Nach Maßgabe des Uniform System of Accounts for the Lodging Industry sind sodann die Kosten der Abteilungen Verwaltung, Marketing, Instandhaltung und Energie zu planen. Mit Ausnahme der Abteilung Energie, wo nur die Energiesachkosten wie Strom, Gas, Heizöl und Wasser zu

---

[100] Vgl. Abschnitt 3.2. sowie Educational Institute of the American Hotel & Motel Association (1996).

budgetieren sind, müssen in den genannten Abteilungen sowohl Sachkosten als auch Personalkosten geplant werden[101].

Hieran schließt sich nun die Ermittlung des Betriebsergebnisses I an, welches sich ergibt, wenn man von den budgetierten Deckungsbeiträgen der Profit Center die budgetierten Kosten der Service Center abzieht.

Der Budgetierungsprozeß endet mit der Budgetkontrolle. Hier werden den budgetierten Umsätzen, den budgetierten Kosten sowie den budgetierten Ergebnissen, die sich aus den budgetierten Profit Center-Deckungsbeiträgen sowie dem budgetierten Betriebsergebnis I zusammensetzen, die entsprechenden Ist-Werte gegenübergestellt. Weichen die budgetierten Größen von den tatsächlichen Werten ab, ist es des weiteren Gegenstand der Budgetkontrolle, die Abweichungen näher zu quantifizieren sowie nach den Gründen der eingetretenen Abweichungen zu suchen.

3.8.3. Abweichungsanalyse

Die Abweichungsanalyse ist ein Instrument der Budgetkontrolle[102]. Sie dient der Untersuchung von Differenzen zwischen Budget und tatsächlich realisierten Größen. Der Grundgedanke der Abweichungsanalyse ist es, eingetretene Abweichungen zwischen Budget und tatsächlicher Größe in eine Preisabweichung und eine Mengenabweichung zu zerlegen.

Die Preisabweichung errechnet sich, indem man die tatsächliche Menge mit der Preisdifferenz pro Mengeneinheit multipliziert. Hiermit stellt man fest, welcher Anteil der Abweichung darauf zurückzuführen ist, daß die Preise falsch budgetiert wurden. Die Mengenabweichung errechnet sich durch Multiplikation der Mengendifferenz mit dem budgetierten Preis. Hierdurch wird ermittelt, welcher Beitrag zur Gesamtabweichung auf die falsch angesetzte Mengenplanung entfällt.

---

101 Die Abteilungen Verwaltung, Marketing, Instandhaltung und Energie sind im Uniform System of Accounts in Form eigener Departmental Statements beschrieben. Vgl. hierzu Abschnitt 3.2. sowie zu den einzelnen Departmental Statements Educational Institute of the American Hotel & Motel Association (1996).
102 Vgl. hierzu und im folgenden Coltman (1994), S. 331 ff.

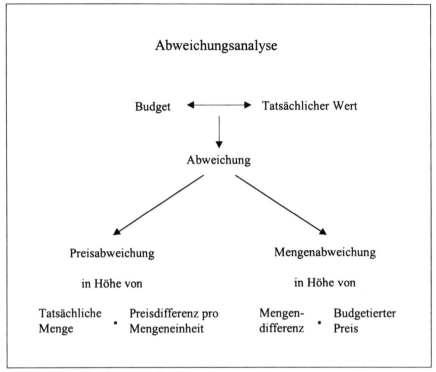

Abbildung 33: Abweichungsanalyse

Das Controllinginstrument der Abweichungsanalyse soll an Hand dreier hotelbetrieblicher Beispiele veranschaulicht werden. Dabei wird mit einem Schema gearbeitet, das die Durchführung der Abweichungsanalyse unterstützt.

Das erste Beispiel beschreibt die Durchführung der Abweichungsanalyse an Hand eines Falles aus dem Bereich der Budgetplanung für den Bankettbereich. Hier wurde für einen bestimmten Zeitraum ein Umsatz von 50.000 DM budgetiert. Tatsächlich wurde ein Umsatz von 47.250 DM erzielt. Damit liegt eine Budgetabweichung von 2.750 DM vor, die durch die Anwendung der Abweichungsanalyse näher untersucht werden soll. Hierzu ist zunächst nach der Anzahl an Gästen zu fragen, die für den betrachteten Zeitraum budgetiert wurden. Der entsprechende Budgetwert beträgt 5.000. Des weiteren ist zu fragen, wieviele Gäste tatsächlich erschienen. Dies sind 4.500 Gäste. Zudem sind die jeweiligen Preise einander gegenüberzustellen. Budgetiert wurde ein Umsatz von 10 DM pro Gast. Tatsächlich erbrachten die Gäste aber einen durchschnittlichen Umsatz von 10,50 DM.

Budget	50.000 DM
Budgetierter Preis	10 DM
Budgetierte Menge	5.000
Tatsächlicher Wert	47.250 DM
Tatsächlicher Preis	10,50 DM
Tatsächliche Menge	4.500
Abweichung	-2.750 DM
Preisdifferenz pro Mengeneinheit	0,50 DM
Mengendifferenz	-500
Preisabweichung	2.250 DM
Mengenabweichung	-5.000 DM

Unter Anwendung der Berechnungsregeln ergibt sich eine Preisabweichung von 2.250 DM, die als günstig einzustufen ist. Die Mengenabweichung ist negativ, sie beträgt –5.000 DM, was als ungünstig einzustufen ist. Hieraus läßt sich nun folgende Schlußfolgerung ziehen. Die Bankettabteilung war insofern erfolgreich, als es gelungen ist, teurere Bankettleistungen zu verkaufen. Dieser Erfolg macht 2.250 DM aus. Kritisch ist hingegen die Fähigkeit zu sehen, eine hinreichend große Anzahl von Bankettgästen ins Haus zu bringen. Hier blieb man deutlich hinter den Erwartungen zurück. Die entsprechende Fehlleistung beläuft sich auf 5.000 DM.

Mit dem zweiten Beispiel soll die Abweichungsanalyse in ihrer Eigenschaft als Kontrollinstrument bei der Kostenbudgetierung veranschaulicht werden. Es wird ein Hotel angenommen, das seine in einem bestimmten Zeitraum anfallenden Aufwendungen für Wäscherei mit 6.000 DM budgetiert hat, wobei allerdings 6.510 DM tatsächliche Aufwendungen entstanden sind. Dabei wurden Kosten in Höhe von 2 DM pro verkauftes Zimmer angesetzt, tatsächlich lagen die Kosten pro verkauftes Zimmer bei 2,10 DM. Zudem sind 3.100 Zimmer verkauft worden. Der budgetierte Wert war 3.000 Zimmer.

Budget	6.000 DM
Budgetierter Preis	2 DM
Budgetierte Menge	3.000
Tatsächlicher Wert	6.510 DM
Tatsächlicher Preis	2,10 DM
Tatsächliche Menge	3.100
Abweichung	-510 DM
Preisdifferenz pro Mengeneinheit	-0,10 DM
Mengendifferenz	-100
Preisabweichung	-310 DM
Mengenabweichung	-200 DM

Die Anwendung der Abweichungsanalyse bringt hier folgende Ergebnisse. Die Preisabweichung ist negativ, sie liegt bei –310 DM. Hiermit ist die Auswirkung der unterschätzten Wäschereikosten pro Zimmer beschrieben. Auch die Mengenabweichung ist negativ. Sie beträgt –200 DM. Dies ist die Auswirkung der Fehleinschätzung der Anzahl verkaufter Zimmer, welche allerdings nur unter Kostengesichtspunkten kritisch zu beurteilen ist. Schließlich wurden 100 Zimmer mehr verkauft als budgetiert, was die mengenbedingte Kostenerhöhung vernachlässigbar macht. Zu prüfen ist nun, inwieweit das Haus etwas gegen die preisbedingte Kostenerhöhung tun kann.

Das dritte Beispiel nimmt auf die Budgetierung variabler Personalkosten Bezug[103]. Hier ist ein Haus angenommen, das variable Personalkosten in Höhe von 17.600 DM budgetiert hat. Der tatsächliche Wert beträgt 17.100 DM. Dem liegen folgende Einzelinformationen zugrunde. Die budgetierten Lohnkosten pro Stunde betragen 16 DM. Tatsächlich mußten aber 18 DM pro Stunde bezahlt werden. Das Budget sah eine Inanspruchnahme von 1.100 Stunden vor. Tatsächlich wurden 950 Stunden benötigt.

---

103 Vgl. zum Begriff der variablen Kosten Abschnitt 3.3.2.

Budget	50.000 DM
Budgetierter Preis	10 DM
Budgetierte Menge	5.000
Tatsächlicher Wert	47.250 DM
Tatsächlicher Preis	10,50 DM
Tatsächliche Menge	4.500
Abweichung	-2.750 DM
Preisdifferenz pro Mengeneinheit	0,50 DM
Mengendifferenz	-500
Preisabweichung	2.250 DM
Mengenabweichung	-5.000 DM

Die Anwendung der Abweichungsanalyse liefert hier folgende Ergebnisse. Die Preisabweichung liegt bei −1.900 DM. Die Mengenabweichung beträgt 2.400 DM. Damit wird deutlich, in welchem Ausmaß die in Folge der verringerten Stunden erreichte Kostensenkung durch die Erhöhung des Stundensatzes teilweise wieder aufgehoben wurde.

3.8.4. Zero-Based Budgeting

Das Zero-Based Budgeting ist ein Controllingverfahren, dessen Ziel es ist, Kosten zu senken[104]. Dabei werden nicht alle Kosten betrachtet, sondern nur Kostenträgergemeinkosten, die nicht Kostenstellengemeinkosten sind[105].

Kerngedanke der Methode ist es, von einem gedanklichen unternehmerischen Neubeginn auszugehen und budgetwirksame Entscheidungen so zu behandeln, als wenn sie im Unternehmen erstmalig zu treffen wären. Dahinter steht die Erfahrung, daß Gemeinkostenbudgets nach einer gewissen Zeit oftmals nicht mehr richtig hinterfragt werden, so daß diese eine Stabilität erhalten, die angesichts eventuell eingetretener Veränderungen nicht mehr gerechtfertigt ist.

---

104 Vgl. hierzu und im folgenden Coltman (1994), S. 326 ff.
105 Vgl. Abschnitt 3.3.2.

Um dies zu verhindern, arbeitet das Zero-Based Budgeting mit der Forderung, daß im Bereich der untersuchten Gemeinkosten keine kostenwirksamen Entscheidungen getroffen werden dürfen, die nicht vorab gerechtfertigt worden sind.

Der Grund, warum das Verfahren die Kostenstellengemeinkosten nicht in die Analyse miteinbezieht, ist, daß die Kostenstellengemeinkosten nicht oder nur selten beeinflußt werden können. Sie sind in der Regel von außen vorgegeben und liegen somit außerhalb der Verantwortung der operativen Entscheidungsträger.

Die Controllingtechnik Zero-Based Budgeting fordert ein schrittweises Vorgehen.

Der Prozeß beginnt mit dem Bilden von Entscheidungseinheiten. Diese stellen Zusammenfassungen von Aktivitäten dar, die in einem hotelbetrieblich engen Zusammenhang stehen. Für die Entscheidungseinheiten soll jeweils ein Mitarbeiter verantwortlich sein. Um dies zu verdeutlichen, sei beispielhaft der Marketingbereich angesprochen. Hier könnten etwa die Teilbereiche Werbung und Öffentlichkeitsarbeit zu je einer Entscheidungseinheit zusammengefaßt werden. Im Rahmen des Zero-Based Budgeting würden diese dann getrennt untersucht, wobei für die entsprechenden Entscheidungen derjenige Mitarbeiter verantwortlich ist, der zu Beginn des Verfahrens mit dem jeweiligen Gemeinkostenmanagement betraut worden ist.

An die Bildung der Entscheidungseinheiten schließt sich die Formulierung von Entscheidungspaketen an. Die Entscheidungspakete sind Alternativen der Gemeinkostenverwendung, die in einer umfassenden Analyse aller möglichen Wege zur unternehmerischen Zielerfüllung erarbeitet werden.

Hierauf folgt die Bildung einer Rangordnung. Diese wird nach Maßgabe des jeweiligen Zielerfüllungsgrades aufgestellt.

Der letzte Schritt im Rahmen des Zero-Based Budgeting ist die Entscheidung über die Mittelzuteilung. Diese läuft dergestalt ab, daß die verfügbaren Mittel nach der Priorität der Entscheidungspakete zugeteilt werden, wobei die Zuteilung dann beendet ist, wenn die verfügbaren Mittel aufgebraucht sind. Entscheidungspakete, die eine gemessen an der Höhe der verfügbaren Mittel zu geringe Priorität aufweisen, werden nicht realisiert.

3.9. Checklisten-Technik

Die Checklistentechnik dient der systematischen Suche nach Verbesserungsnotwendigkeiten im Hotelbetrieb[106]. Sie dient damit zunächst der Qualitätssicherung, wobei diesbezüglich besonders darauf zu verweisen ist, daß sie möglichst umfassend zu gestalten ist. Diese Forderung beruht darauf, daß das Dienstleistungserlebnis für den Gast aus einer Summe vieler kleiner Details besteht und daß ein einziger Fehler in der Servicekette oftmals den gesamten Eindruck, den der Gast vom Hotelbetrieb bekommt, negativ werden läßt. Des weiteren sind Checklisten dadurch gekennzeichnet, daß sie eine Arbeitserleichterung erbringen. So sind entsprechend detailliert ausgearbeitete Checklisten in der Lage, den mit ihnen Arbeitenden beim Durchdenken einzelner hotelbetrieblicher Abläufe weiterzuhelfen. In diesem Sinne wirken Checklisten als Gedächtnisstütze. In engem Zusammenhang hierzu steht die Zeitersparnis, welche mit der Arbeit mit Checklisten einhergeht. Ein weiteres Charakteristikum ist, daß Checklisten dynamisch aufzufassen sind, das heißt sie werden den sich verändernden hotelbetrieblichen Bedürfnissen angepaßt. Bei dieser kontinuierlichen Weiterentwicklung sollten möglichst viele Mitarbeiter und Führungskräfte einbezogen werden. Zudem unterstützen Checklisten Maßnahmen der Delegation.

Nachstehend finden sich einige Checklisten, die den Aspekt der Qualitätsmessung in den Vordergrund rücken[107]. Im einzelnen werden hier betrachtet: Reservierung, Check-In, Zimmer, Etagenservice, Allgemeine Dienstleistungen, Restaurant und Check-Out. In jeder einzelnen Checkliste sind die Qualitätskriterien als Aussagen formuliert, denen eine 7-stufige Skala gegenübersteht, auf der die jeweilige Qualitätsausprägung angegeben werden kann. Diese Checklistenform kann auch für Zwecke des Benchmarking eingesetzt werden[108].

Weit darüber hinaus gehen die von Schaetzing entwickelten Checklisten, die besonders zu empfehlen sind. Diese sind sehr umfassend und detailliert. So wird kein einziger hotelbetrieblich relevanter Punkt außer Acht gelassen[109].

---

106 Vgl. hierzu Schaetzing (1996), S. 274 ff.
107 Vgl. Abbildungen 34 - 40.
108 Vgl. Abschnitt 4.6.
109 Vgl. hierzu Schaetzing (1996) (a).

Reservierung

Qualitätskriterien	Qualität
	Gering — Hoch
Telefongespräche werden unmittelbar angenommen.	☐ ☐ ☐ ☐ ☐ ☐ ☐ 1 2 3 4 5 6 7
Der Anrufer wird korrekt und freundlich begrüßt.	☐ ☐ ☐ ☐ ☐ ☐ ☐ 1 2 3 4 5 6 7
Die vom Anrufer übermittelten Informationen werden korrekt erfaßt.	☐ ☐ ☐ ☐ ☐ ☐ ☐ 1 2 3 4 5 6 7
Das Reservierungspersonal wiederholt die vom Anrufer übermittelten Informationen, um Mißverständnissen vorzubeugen.	☐ ☐ ☐ ☐ ☐ ☐ ☐ 1 2 3 4 5 6 7
Das Reservierungspersonal bedankt sich für die Anfrage.	☐ ☐ ☐ ☐ ☐ ☐ ☐ 1 2 3 4 5 6 7
Das Reservierungspersonal beherrscht die gängigen Fremdsprachen.	☐ ☐ ☐ ☐ ☐ ☐ ☐ 1 2 3 4 5 6 7
Das Reservierungspersonal bietet dem Anrufer eine schriftliche Bestätigung an.	☐ ☐ ☐ ☐ ☐ ☐ ☐ 1 2 3 4 5 6 7
Falls der Anfrage des Anrufers nicht entsprochen werden kann, wird dem Anrufer höflich und bemüht weitergeholfen.	☐ ☐ ☐ ☐ ☐ ☐ ☐ 1 2 3 4 5 6 7
Anfragen per Fax werden unmittelbar beantwortet.	☐ ☐ ☐ ☐ ☐ ☐ ☐ 1 2 3 4 5 6 7
Anfragen per E-mail werden unmittelbar beantwortet.	☐ ☐ ☐ ☐ ☐ ☐ ☐ 1 2 3 4 5 6 7

Abbildung 34: Checkliste Reservierung

Check-In

Qualitätskriterien	Qualität
	Gering — Hoch
	1 2 3 4 5 6 7

Der Gast wird freundlich begrüßt. ☐☐☐☐☐☐☐

Falls ein Gast beim Check-In warten muß, entschuldigt sich das Empfangspersonal für die Verzögerung. ☐☐☐☐☐☐☐

Check-Ins werden schnell durchgeführt. ☐☐☐☐☐☐☐

Auf Sonderwünsche des Gastes wird im Rahmen der gegebenen Möglichkeiten zuvorkommend eingegangen. ☐☐☐☐☐☐☐

Das Empfangspersonal weiß, welche Gäste bereits im Hause waren und achtet auf eine besonders persönliche Kommunikation. ☐☐☐☐☐☐☐

Das Empfangspersonal beherrscht die gängigen Fremdsprachen. ☐☐☐☐☐☐☐

Das Empfangspersonal bietet dem Gast an, ihm vorab das in Frage kommende Zimmer zu zeigen. ☐☐☐☐☐☐☐

Walk-In-Gästen, deren Wünschen nicht entsprochen werden kann, wird höflich und bemüht weitergeholfen. ☐☐☐☐☐☐☐

Das Empfangspersonal erkundigt sich nach dem Gepäck des Gastes und bietet ihm die Hilfe eines Hoteldieners an. ☐☐☐☐☐☐☐

Das Empfangspersonal gibt ein ansprechendes äußeres Erscheinungsbild ab. ☐☐☐☐☐☐☐

Abbildung 35: Checkliste Check-In

Zimmer

Qualitätskriterien   Qualität

                                                                                          Gering   Hoch

Das Zimmer befindet sich in einem äußerst sauberen   □ □ □ □ □ □ □
Zustand.   1 2 3 4 5 6 7

Die Einrichtung erweckt einen sehr gepflegten Eindruck. □ □ □ □ □ □ □
                                                                                           1 2 3 4 5 6 7

Die Luft in den Zimmern ist frisch und wohl temperiert. □ □ □ □ □ □ □
                                                                                           1 2 3 4 5 6 7

Das Zimmer ist ausreichend mit Accessoires ausgestat-   □ □ □ □ □ □ □
tet.   1 2 3 4 5 6 7

Der Gast findet im Zimmer alle für ihn wesentlichen   □ □ □ □ □ □ □
Informationen wieder.   1 2 3 4 5 6 7

Die Minibar ist gut sortiert und stets gefüllt.   □ □ □ □ □ □ □
                                                                                           1 2 3 4 5 6 7

Die technischen Einrichtungen befinden sich in einem   □ □ □ □ □ □ □
einwandfreien Zustand.   1 2 3 4 5 6 7

Das Fernsehgerät ermöglicht einen einwandfreien   □ □ □ □ □ □ □
Empfang.   1 2 3 4 5 6 7

Das Bad befindet sich in einem äußerst hygienischen   □ □ □ □ □ □ □
Zustand.   1 2 3 4 5 6 7

Das im Bad befindliche Sortiment an Hygieneartikeln ist □ □ □ □ □ □ □
ausreichend groß und stets frisch bestückt.   1 2 3 4 5 6 7

Abbildung 36: Checkliste Zimmer

Etagenservice

Qualitätskriterien	Qualität
	Gering — Hoch
In den Zimmern befinden sich aktuelle und saubere Speisekarten.	☐ ☐ ☐ ☐ ☐ ☐ ☐ 1 2 3 4 5 6 7
Der Gast hat eine ausreichende Auswahl an Speisen und Getränken.	☐ ☐ ☐ ☐ ☐ ☐ ☐ 1 2 3 4 5 6 7
Die Bestellungen des Gastes werden freundlich und sachlich kompetent aufgenommen.	☐ ☐ ☐ ☐ ☐ ☐ ☐ 1 2 3 4 5 6 7
Auf Sonderwünsche des Gastes wird im Rahmen der Möglichkeiten zuvorkommend eingegangen.	☐ ☐ ☐ ☐ ☐ ☐ ☐ 1 2 3 4 5 6 7
Bestellte Speisen und Getränke werden ohne Verzögerung serviert.	☐ ☐ ☐ ☐ ☐ ☐ ☐ 1 2 3 4 5 6 7
Das Servicepersonal ist freundlich.	☐ ☐ ☐ ☐ ☐ ☐ ☐ 1 2 3 4 5 6 7
Das Servicepersonal gibt ein ansprechendes äußeres Erscheinungsbild ab.	☐ ☐ ☐ ☐ ☐ ☐ ☐ 1 2 3 4 5 6 7
Das Servicepersonal beherrscht die gängigen Fremdsprachen.	☐ ☐ ☐ ☐ ☐ ☐ ☐ 1 2 3 4 5 6 7

Abbildung 37: Checkliste Etagenservice

Allgemeine Dienstleistungen

Qualitätskriterien	Qualität
	Gering — Hoch

Der Weckdienst ist zuverlässig und stets freundlich. ☐☐☐☐☐☐☐ 1 2 3 4 5 6 7

Der Gast erhält auf Wunsch seine Schuhe sauber geputzt, wobei er hierauf nicht lange warten muß. ☐☐☐☐☐☐☐ 1 2 3 4 5 6 7

Der Gast hat die Möglichkeit, seine Kleidung zur Wäsche beziehungsweise zur Reinigung abzugeben, wobei er seine Kleidung so schnell als möglich zurückerhält. ☐☐☐☐☐☐☐ 1 2 3 4 5 6 7

Der Gast hat die Möglichkeit, aktuelle Zeitungen und Zeitschriften seiner Wahl zu erhalten. ☐☐☐☐☐☐☐ 1 2 3 4 5 6 7

Der Gast hat die Möglichkeit, Dinge des alltäglichen Bedarfs schnell zu erhalten. ☐☐☐☐☐☐☐ 1 2 3 4 5 6 7

Dem Gast werden alle von ihm gewünschten Informationen zuverlässig, schnell und freundlich übermittelt. ☐☐☐☐☐☐☐ 1 2 3 4 5 6 7

Ankommende Faxe werden dem Gast unmittelbar zugestellt. ☐☐☐☐☐☐☐ 1 2 3 4 5 6 7

Der Gast wird über in seiner Abwesenheit eingegangene Telefonanrufe unmittelbar informiert. ☐☐☐☐☐☐☐ 1 2 3 4 5 6 7

Der Gast hat die Möglichkeit, einen Computer zu benutzen, der mit der gängigen Standardsoftware sowie einem E-mail-Anschluß ausgestattet ist. ☐☐☐☐☐☐☐ 1 2 3 4 5 6 7

Abbildung 38: Checkliste Allgemeine Dienstleistungen

Restaurant

Qualitätskriterien	Qualität
	Gering — Hoch 1 2 3 4 5 6 7

Das Restaurant strahlt eine angenehme Atmosphäre aus. ☐☐☐☐☐☐☐

Die Tische sind sauber und ordentlich eingedeckt. ☐☐☐☐☐☐☐

Der Gast wird prompt bedient. ☐☐☐☐☐☐☐

Die Bestellungen des Gastes werden freundlich und sachlich kompetent aufgenommen. ☐☐☐☐☐☐☐

Auf Sonderwünsche des Gastes wird im Rahmen der Möglichkeiten zuvorkommend eingegangen. ☐☐☐☐☐☐☐

Bestellte Speisen und Getränke werden ohne Verzögerung serviert. ☐☐☐☐☐☐☐

Die Speisen und Getränke weisen ein gutes Preis-Leistungs-Verhältnis auf. ☐☐☐☐☐☐☐

Das Servicepersonal ist freundlich. ☐☐☐☐☐☐☐

Wünscht der Gast die Rechnung, wird sie ihm prompt übergeben, wobei das Haus alle gängigen Zahlungsweisen akzeptiert. ☐☐☐☐☐☐☐

Das Servicepersonal gibt ein ansprechendes äußeres Erscheinungsbild ab. ☐☐☐☐☐☐☐

Das Servicepersonal beherrscht die gängigen Fremdsprachen. ☐☐☐☐☐☐☐

Abbildung 39: Checkliste Restaurant

Check-Out

Qualitätskriterien	Qualität
	Gering — Hoch
Die absehbaren Check-Outs sind bereits vor dem Erscheinen des Gastes vorbereitet.	☐ ☐ ☐ ☐ ☐ ☐ ☐ 1 2 3 4 5 6 7
Falls ein Gast beim Check-Out warten muß, entschuldigt sich das Empfangspersonal für die Verzögerung.	☐ ☐ ☐ ☐ ☐ ☐ ☐ 1 2 3 4 5 6 7
Das Personal erkundigt sich, ob der Gast mit seinem Aufenthalt zufrieden war und geht auf Kritikpunkte gewissenhaft ein.	☐ ☐ ☐ ☐ ☐ ☐ ☐ 1 2 3 4 5 6 7
Check-Outs werden schnell durchgeführt.	☐ ☐ ☐ ☐ ☐ ☐ ☐ 1 2 3 4 5 6 7
Das Haus akzeptiert alle gängigen Zahlungsweisen.	☐ ☐ ☐ ☐ ☐ ☐ ☐ 1 2 3 4 5 6 7
Das Empfangspersonal beherrscht die gängigen Fremdsprachen.	☐ ☐ ☐ ☐ ☐ ☐ ☐ 1 2 3 4 5 6 7
Das Empfangspersonal erkundigt sich nach dem Gepäck des Gastes und bietet ihm die Hilfe eines Hoteldieners an.	☐ ☐ ☐ ☐ ☐ ☐ ☐ 1 2 3 4 5 6 7
Das Empfangspersonal bietet dem Gast Unterstützung bei der Weiterreise an.	☐ ☐ ☐ ☐ ☐ ☐ ☐ 1 2 3 4 5 6 7
Das Empfangspersonal gibt ein ansprechendes äußeres Erscheinungsbild ab.	☐ ☐ ☐ ☐ ☐ ☐ ☐ 1 2 3 4 5 6 7
Das Empfangspersonal bedankt sich für den Aufenthalt und verabschiedet den Gast in einer freundlichen Art und Weise.	☐ ☐ ☐ ☐ ☐ ☐ ☐ 1 2 3 4 5 6 7

Abbildung 40: Checkliste Check-Out

3.10. Nutzwertanalyse

Die Nutzwertanalyse ist ein Controllingverfahren, das der Entscheidungsfindung bei qualitativen Entscheidungskriterien dient. Solche Entscheidungsproblematiken liegen immer dann vor, wenn die Entscheidungskriterien sich nicht als Rechnungsgrößen, wie etwa Kosten, Umsatz und Gewinn, ausdrücken lassen.

Die Vorgehensweise der Nutzwertanalyse stellt sich wie folgt dar[110]. Zunächst sind die Entscheidungskriterien aufzustellen. Hieran schließt sich die Festlegung einer Skala an, auf der unterschiedliche Zielerfüllungsgrade aufgetragen sind. So könnte man etwa eine 7-stufige Skala aufstellen und bestimmen, daß die Zahl 1 den niedrigsten Zielerfüllungsgrad, die Zahl 7 den höchsten Zielerfüllungsgrad wiedergibt. Danach werden den Entscheidungskriterien Gewichtungsfaktoren zugeordnet, die sich zur Zahl 1 addieren und deren jeweilige Höhe eine Aussage über die relative Wichtigkeit des einzelnen Entscheidungskriteriums trifft.

Ein Beispiel möge dies verdeutlichen. Würde der Hotelbetrieb vor der Aufgabe stehen, eine Entscheidung zwischen zwei Handlungsalternativen zu treffen, wobei unter anderem nach den Entscheidungskriterien flexible Einsetzbarkeit und Verständlichkeit für die Mitarbeiter vorgegangen wird, und ist man zu der Auffassung gelangt, daß die flexible Einsetzbarkeit doppelt so wichtig ist, wie die Verständlichkeit für die Mitarbeiter, müßte man dem Entscheidungskriterium flexible Einsetzbarkeit einen doppelt so großen Gewichtungsfaktor zuordnen wie dem Entscheidungskriterium Verständlichkeit für die Mitarbeiter. Hieran schließt sich die für jede einzelne Handlungsalternative vorzunehmende Bestimmung der jeweiligen Zielerfüllungsgrade an. Diese werden auch als Nutzwerte bezeichnet. Um auf das obige Beispiel zurückzukommen, müßte man, wenn man zu der Auffassung gelangt ist, daß mit der ersten Handlungsalternative die größtmögliche Verständlichkeit für die Mitarbeiter einhergeht, diesem Entscheidungskriterium den Nutzwert 7 zuordnen. Sind allen Entscheidungskriterien die jeweiligen Nutzwerte zugeordnet, werden die Nutzwerte mit den zugehörigen Gewichtungsfaktoren multipliziert, um im Anschluß hieran die gewichteten Nutzwerte zu addieren. Diejenige Handlungsalternative, welche den größten Gesamtnutzwert aufweist, wird als vorziehungswürdig identifiziert.

---

110 Vgl. Preißler (1996), S. 139 f.

3.11. Service Map-Analyse

Service Map-Analysen sind Untersuchungen, bei denen die hotelbetriebliche Ablauforganisation betrachtet wird. Ziel ist es, den Gästeaufenthalt systematisch zu erfassen und nach Schwachstellen zu suchen, um hierauf aufbauend qualitätserhöhende Maßnahmen durchzuführen. Dabei wird zwischen hotelbetrieblichen Abläufen, die vom Gast direkt wahrgenommen werden können, und hotelbetrieblichen Abläufen, die vom Gast nur in Gestalt eines Ergebnisses, nicht aber direkt wahrgenommen werden können, unterschieden.

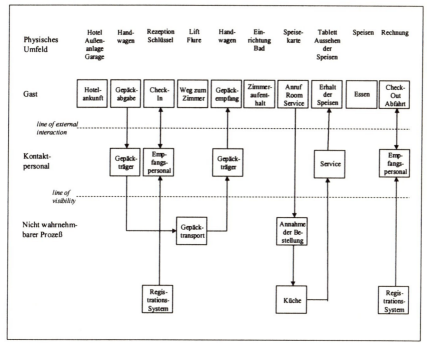

Abbildung 41: Service Map einer Hotelübernachtung[111]

---

111 Quelle: In Anlehnung an: Bruhn, Stauss (1991), S. 347

3.12. Statistische Auswertungen

Die Durchführung statistischer Auswertungen ist ein unverzichtbarer Bestandteil des Hotel-Controlling. Statistische Analysen kommen grundsätzlich bei der Bearbeitung aller controllingrelevanten Inhalte zum Einsatz. Sie sind also keine eigenständige Controllingtechnik. Vielmehr begleiten sie die Verfahren des Controlling.

Das Feld der statistischen Analyse ist breit. So kann das einzelne Unternehmen eine Vielzahl statistischer Rechnungen durchführen und dabei auch sehr komplexe Verfahren wählen. Das Unternehmen kann sich aber auch darauf beschränken, wenige und einfache Verfahren anzuwenden. Welche Richtung das Unternehmen einschlägt, hängt von der zur Verfügung stehenden Zeit ab. Auch die Größe des Hauses spielt eine Rolle. Die nachstehend beschriebenen Verfahren sind als ein Katalog anzusehen, den jedes Unternehmen anwenden kann[112].

Zu diesem Paket zählt zunächst die Durchführung von Mittelwertberechnungen. Sie sind insofern von Bedeutung, als sie einen Bezugspunkt ermitteln, mit dem beobachtete Größen in einen beurteilungsfähigen Zusammenhang eingeordnet werden können.

Die statistische Größe Mittelwert, die mit $\bar{x}$ symbolisiert wird, errechnet sich nach folgender Formel:

$$\bar{x} = \frac{1}{n} \sum_{i=1}^{n} x_i$$

Dabei stellen die Werte x_i die Ausprägungen dar, deren Mittelwert errechnet werden soll. Das Symbol n steht für die Anzahl der Ausprägungen.

---

112 Vgl. hierzu und im folgenden Bamberg, Baur (1996) und Bortz (1993).

Die Anwendung der Größe Mittelwert wird an Hand eines Beispiels veranschaulicht. Ein Hotel will wissen, wie hoch die durchschnittliche Umsatzrendite der vergangenen 10 Jahre war, um einen Anhaltspunkt zur Beurteilung der aktuellen Umsatzrendite zu erhalten. Die Umsatzrendite des Jahres 1997 beträgt 6,1 %.

Das Unternehmen hat in den vergangenen 10 Jahren folgende Umsatzrenditen erzielt.

Jahr	1987	1988	1989	1990	1991	1992	1993	1994	1995	1996
Umsatzrendite in %	3,9	4,3	5,7	3,8	5,2	9,3	10,5	7,2	4,1	4,2

Setzt man die Werte in die obige Formel ein, ergibt sich ein Mittelwert von 5,82 %. Die aktuelle Umsatzrendite liegt damit über dem Durchschnitt der vergangenen 10 Jahre. Zieht man keine weiteren Kriterien in Betracht, ist dieses Ergebnis als positiv zu beurteilen.

Des weiteren ist die Kennzahl Standardabweichung zu nennen. Mit ihr wird festgestellt, wie stark gemessene Werte um ihren Mittelwert streuen. Die statistische Größe Standardabweichung, die mit s symbolisiert wird, wird nach folgender Formel errechnet:

$$s = \sqrt{\frac{1}{n}\sum_{i=1}^{n}(x_i - \bar{x})^2}$$

Die Verwendung der Standardabweichung für Zwecke des Hotel-Controlling wird wieder an Hand eines Beispiels veranschaulicht. Angenommen sei ein Haus, das die Entwicklung seiner Belegungsquoten näher analysieren will. Untersucht werden die letzten zwei Jahre. Hierbei wird zunächst festgestellt, daß der Mittelwert der jährlichen Belegungsquoten sich kaum verändert hat. Nun soll untersucht werden, wie sich die Schwankungen der Belegungsquoten entwickelt haben. Dabei liegen die folgenden Werte zugrunde.

Monate	Belegungsquote 1995	Belegungsquote 1996
Januar	48,3	48,1
Februar	48,7	48,5
März	52,1	48,9
April	62,7	62,5
Mai	68,1	70,7
Juni	59,4	61,4
Juli	60,1	60,2
August	57,2	53,2
September	87,1	89,8
Oktober	73,7	78,8
November	59,9	53,9
Dezember	45,1	45,2
Mittelwert	60,2	60,1

Setzt man diese Größen in die obige Formel ein, errechnet sich für das Jahr 1995 eine Standardabweichung von 11,37. Für das Jahr 1996 errechnet sich eine Standardabweichung von 13,11. Dies bedeutet, daß die monatlichen Schwankungen zugenommen haben. Die im Durchschnitt erzielte Belegungsquote ist zwar annähernd konstant geblieben, die Streuung um den Mittelwert hat sich hingegen erhöht, so daß klar wird, daß das Haus weniger gleichmäßig in Anspruch genommen wurde.

Zur Erfassung von Mittelwerten und Standardabweichungen kommen Korrelationsmessungen hinzu. Sie dienen der Ermittlung der Stärke des Zusammenhangs zwischen beobachteten Zahlenreihen. Diese wird durch den sogenannten Korrelationskoeffizienten erfaßt, der eine sehr nützliche Eigenschaft aufweist. So liefert die Berechnung des Korrelationskoeffizienten normierte Werte. Der kleinste Wert, der sich bei der Berechnung des Korrelationskoeffizienten ergeben kann, beträgt –1. Der größtmögliche

Wert ist +1. Die zu untersuchende Stärke des Zusammenhangs bewegt sich innerhalb dieses Intervalls. Dabei lassen sich folgende Aussagen treffen. Je näher der errechnete Wert an der Zahl −1 liegt, desto stärker sind die betrachteten Zahlenreihen negativ korreliert, das heißt, desto stärker ist die Unterschiedlichkeit der jeweiligen Entwicklungsrichtungen. Umgekehrt gilt, daß die Zahlenreihen desto stärker positiv korreliert sind, je näher der gemessene Wert an der Zahl +1 liegt. Dies bedeutet, daß die Zahlenreihen sich sehr gleichförmig entwickelt haben. Die statistische Größe Korrelationskoeffizient, die mit r_{xy} symbolisiert wird, bemißt sich nach folgender Formel:

$$r_{xy} = \frac{COV(XY)}{s_x s_y}$$

Zu ihrer Berechnung muß die statistische Größe Kovarianz, die mit dem Symbol COV(XY) abgekürzt wird, berechnet werden. Sie wird wie folgt errechnet:

$$COV(X,Y) = \frac{1}{n} \sum_{i=1}^{n} (x_i - \bar{x})(y_i - \bar{y})$$

Die statistische Größe Korrelationskoeffizient soll ebenfalls an Hand eines hotelbetrieblichen Beispiels veranschaulicht werden. Es sei ein Haus angenommen, das vor fünf Jahren begonnen hat, sowohl die Mitarbeiterzufriedenheit als auch die Gästezufriedenheit durch Fragebögen zu erfassen. Das Haus möchte nun wissen, ob zwischen den jeweiligen Entwicklungen ein positiver Zusammenhang besteht und, wenn ja, wie stark dieser Zusammenhang ist. Die jeweiligen Zufriedenheiten wurden auf einer 7-stufigen Skala gemessen.

Jahr	1992	1993	1994	1995	1996
Mitarbeiterzufriedenheit	2,7	2,1	4,3	4,1	4,9
Gästezufriedenheit	4,2	4,5	5,1	5,0	5,4

Setzt man die obigen Werte in die Formel für die Berechnung der Kovarianz ein, ergibt sich ein Wert von 0,42. Die Standardabweichung der Mitarbeiterzufriedenheit beträgt 1,05. Die Standardabweichung der Gästezufriedenheit beläuft sich auf 0,43. Somit ergibt sich ein Korrelationskoeffizient in Höhe von 0,92. Dies zeigt, daß sich die Mitarbeiterzufriedenheit und die Gästezufriedenheit sehr gleichförmig entwickelt haben. Hieraus kann nun die Hypothese abgeleitet werden, daß die Zufriedenheit der Mitarbeiter Auswirkungen auf die Zufriedenheit der Gäste hatte.

Es ist deutlich herauszustellen, daß der Korrelationskoeffizient keine Kausalitäten erfaßt. Er bietet nur die Möglichkeit, begründete Annahmen für das Vorliegen eines Ursache-Wirkungs-Zusammenhangs zu formulieren. Bezogen auf das obige Beispiel bedeutet dies, daß die festgestellte Höhe der positiven Korrelation lediglich einen Anhaltspunkt dafür gibt, daß die Steigerung der Mitarbeiterzufriedenheit eine Erhöhung der Gästezufriedenheit bewirkt hat. Ein Beweis hierfür ist dies nicht.

Des weiteren ist die Durchführung von Regressionsrechnungen zu nennen. Diese Form der statistischen Auswertung dient der Ermittlung von Funktionen, welche die Entwicklungen zweier Dimensionen möglichst gut abbilden. Wird eine die Entwicklung von Punktepaaren abbildende Gerade ermittelt, spricht man von linearer Regression. Die Regressionsrechnung ist ein wichtiges Instrument des Hotel-Controlling. So kann sie vor allem als Prognoseinstrument eingesetzt werden, was insbesondere für die Budgetplanung von Bedeutung ist.

Die Regressionsrechnung in der hier beschriebenen Ausprägung der linearen Regressionsrechnung ermittelt eine Funktion, die folgende Gestalt aufweist.

$$y = a + b \cdot x$$

Der Berechnung liegt die Methode der kleinsten Quadrate zugrunde. Damit ist die errechnete Gerade diejenige Gerade, die unter allen denkbaren Geraden die beobachteten Punktepaare am genauesten wiedergibt.

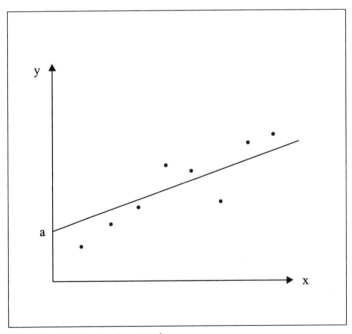

Abbildung 42: Regressionsgerade

Die Parameter der Regressionsgeraden werden nach folgenden Formeln errechnet.

$$a = \bar{y} - b \cdot \bar{x}$$

$$b = \frac{n\sum_{i=1}^{n} x_i y_i - \sum_{i=1}^{n} x_i \sum_{i=1}^{n} y_i}{n\sum_{i=1}^{n} x_i^2 - (\sum_{i=1}^{n} x_i)^2}$$

Die Verwendung der linearen Regressionsrechnung soll wieder an Hand eines hotelbetrieblichen Beispiels veranschaulicht werden[113]. Angenommen sei ein Hotel, dem eine Statistik über die Entwicklung der im Hause getätigten Übernachtungen und der verkauften Gedecke vorliegt. Auf Basis dieser Statistik soll eine Regressionsgerade errechnet werden, welche die Entwicklung der beiden Dimensionen Anzahl der Übernachtungen pro Monat und Anzahl der verkauften Gedecke pro Monat möglichst gut abbildet.

---

113 Vgl. hierzu Coltman (1994), S. 337 ff.

Die Statistik, die der Berechnung zugrunde liegt, weist folgende Werte aus.

Monate	Übernachtungen	Gedecke
Januar	6.102	7.822
Februar	6.309	7.544
März	6.384	8.021
April	6.501	8.299
Mai	6.498	8.344
Juni	6.382	8.245
Juli	6.450	8.311
August	6.522	8.274
September	6.608	8.328
Oktober	6.502	8.188
November	6.274	7.985
Dezember	5.811	7.502

Setzt man diese Werte in die oben wiedergegebenen Formeln ein, errechnet sich die folgende Regressionsgerade:

$$y = 706 + 1{,}16 \cdot x$$

Hieraus lassen sich nun folgende Schlußfolgerungen ziehen. Zunächst bedeutet die errechnete Regressionsgerade, daß pro Monat durchschnittlich 706 nicht übernachtende Gäste das Restaurant aufgesucht haben. Zudem ist aus der Funktion der Schluß zu ziehen, daß auf die Gäste, die Beherbergungsleistungen nachgefragt haben, im Durchschnitt 1,16 Gedecke entfallen.

Diese Information kann nun für Prognosezwecke verwendet werden. Angenommen das Haus rechnet für den kommenden Monat Januar mit 6.200 Übernachtungen. Dann müßte unter der Annahme, daß die errechnete Regressionsgerade einen hinreichend stabilen Zusammenhang beschreibt, die F&B-Abteilung mit 7.898 Gedecken rechnen.

4. Strategisches Controlling

4.1. Strategische Früherkennung

Die Zielsetzung der strategischen Früherkennung ist es, durch die systematische Gewinnung und Verarbeitung von Informationen strategische Entwicklungen gedanklich zu erfassen, um damit Überraschungen zu verhindern, auf die man nicht oder nicht ausreichend vorbereitet ist [114]. Dabei steht die Annahme im Vordergrund, daß der Zeitpunkt der erstmaligen Beobachtbarkeit von Veränderungen vor dem Zeitpunkt der Auswirkung auf den Hotelbetrieb liegt. Die im Rahmen der strategischen Früherkennung vermuteten Auswirkungen können sowohl eine Chance als auch ein Risiko darstellen.

Zudem wird in Betracht gezogen, daß sich strategische Veränderungen oftmals durch sogenannte schwache Signale ankündigen[115]. Dies sind Indikatoren, deren Relevanz für den Hotelbetrieb nicht von Anfang an erkannt werden können. Sie müssen kontinuierlich neu interpretiert werden, bis eine eindeutige Aussage möglich ist. Dem stehen die starken Signale gegenüber[116]. Sie sind Indikatoren, deren Relevanz für die langfristige Entwicklung des Hotelbetriebs eindeutig ist. Anzumerken ist, daß sich schwache Signale mit fortschreitender Beobachtung zu starken Signalen entwickeln können.

Identifiziert der Hotelbetrieb schwache Signale und weist er ihnen eine hinreichende Bedeutung zu, sind strategische Anpassungen vorzubereiten. Die Identifizierung starker Signale erfordert hingegen die Durchführung strategischer Anpassungen.

Will der Hotelbetrieb die Controllingtechnik der strategischen Früherkennung nutzen, geht dies mit einer kontinuierlichen und genauen Beobachtung der Umwelt einher. Soll dies systematisch geschehen, ist hiermit ein hoher Aufwand verbunden.

---

114 Vgl. hierzu und im folgenden Preißler (1996), S. 224 ff.
115 Die schwachen Signale werden im anglo-amerikanischen Sprachraum als weak signals bezeichnet.
116 Die starken Signale werden im anglo-amerikanischen Sprachraum als strong signals bezeichnet.

4.2. Portfolio-Analyse

Die Portfolio-Analyse ist eine Controllingtechnik, deren Inhalt darin besteht, Produkte oder Geschäftsfelder nach verschiedenen Dimensionen zu strukturieren und zu visualisieren. Die Dimensionen, nach denen vorgegangen wird, stellen hierbei Beurteilungskriterien dar, nach denen Einordnungen vorgenommen werden. Die Zielsetzung der Methode besteht darin, die Positionierung von Produkten oder Geschäftsfeldern festzustellen und grafisch aufzuzeigen.

Das allgemein bekannteste Portfolio ist das sogenannte Boston-Portfolio, das die vom Unternehmen erstellten Produkte beziehungsweise die vom Unternehmen betriebenen Geschäftsfelder nach den Dimensionen relativer Marktanteil und Marktwachstum strukturiert. Dabei werden vier Felder gebildet. Das erste Feld sind die sogenannten Dogs. Dies sind Produkte beziehungsweise Geschäftsfelder, bei denen sowohl der relative Marktanteil als auch das Marktwachstum gering sind. Das zweite Feld sind die sogenannten Question Marks. Hier steht einem geringem relativen Marktanteil ein hohes Marktwachstum gegenüber. Hinzu kommt das Feld der sogenannten Stars. Hier sind sowohl Marktwachstum als auch relativer Marktanteil hoch. Schließlich gibt es das Feld, in dem die sogenannten Cash Cows aufgetragen werden. Hier steht einem hohen relativen Marktanteil ein geringes Marktwachstum gegenüber.

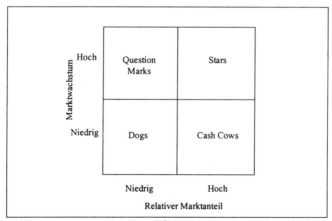

Abbildung 43: Boston-Portfolio[117]

---

117 Quelle: In Anlehnung an Pepels (1996), S. 157

Die weitergehende Zielsetzung der Portfoliomethode besteht darin, aus den festgestellten Positionierungen betriebswirtschaftliche Entscheidungen abzuleiten, die sich vor allem auf Fragen der Investition und der Finanzierung beziehen. So sind Produkte beziehungsweise Geschäftsfelder, die dem Feld der Question Marks zugeordnet worden sind, durch einen hohen Finanzierungsbedarf gekennzeichnet, der nötig ist, um die Investitionen in dieses strategisch wichtige Segment bezahlen zu können. Umgekehrt legt es die Positionierung von Produkten beziehungsweise Geschäftsfeldern als Dogs nahe, Desinvestitionen vorzunehmen, das heißt Kapitalbindungen aufzulösen. Aus der Positionierung Cash Cows ergibt sich hingegen die Forderung, eine Abschöpfungsstrategie zu betreiben, das heißt nur noch solche Investitionen vorzunehmen, die zur Aufrechterhaltung des Geschäftsbetriebs in diesem Bereich notwendig sind und ansonsten möglichst viel Rendite abzuschöpfen. Im Bereich der Star-Produkte beziehungsweise Star-Geschäftsfelder sollen hingegen auch Investitionen vorgenommen werden, die über die reinen Ersatzinvestitionen hinausgehen.

Portfolios, welche die Sichtweise des Gastes explizit in die Positionierung miteinbeziehen, sind für das Hotel-Controlling von besonderer Bedeutung. Ein solches Portfolio ist etwa das Portfolio, das hier als Kundenzufriedenheits-Portfolio bezeichnet wird.

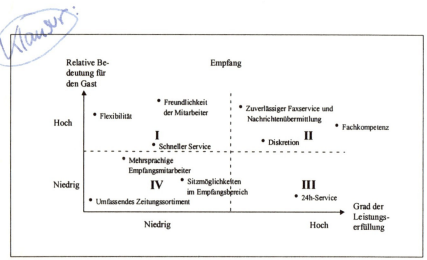

Abbildung 44: Kundenzufriedenheits-Portfolio[118]

---

118 Quelle: In Anlehnung an Jennings, Westfall (1992), S. 24

4.3. Produktlebenszyklusbetrachtungen

Produktlebenszyklusbetrachtungen werden im Controlling an Hand der sogenannten Lebenszykluskurve vorgenommen. Diese stellt eine Funktion dar, die innerhalb eines Koordinatensystems aufgetragen ist, dessen eine Achse den Faktor Zeit beschreibt und auf dessen anderer Achse sich betriebswirtschaftliche Zielgrößen, wie Umsatz, Kosten und Gewinn, befinden. Die Produktlebenszykluskurve dient grundsätzlich der Ableitung strategischer Entscheidungen, wenngleich kritisch darauf hinzuweisen ist, daß der konkrete sich auf ein einzelnes Produkt beziehende Verlauf zumeist nur schwer vorherzusehen ist. Ihre Eignung als Planungsinstrument ist eher als gering einzuschätzen.

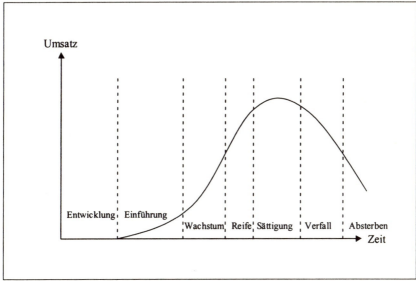

Abbildung 45: Produktlebenszykluskurve[119]

---

119 Quelle: In Anlehnung an Wöhe (1996), S. 645

4.4. Beschwerdemanagement

Beschwerdemanagement wird hier als der aktive, systematische und organisierte Umgang mit Reklamationen des Gastes verstanden. Das Merkmal 'aktiv' weist darauf hin, daß der unzufriedene Gast gefunden werden soll. Damit geht es über das bloße Reagieren im Falle einer vom Gast geäußerten Beschwerde hinaus. Das Merkmal 'systematisch' hebt hervor, daß sich Beschwerdemanagement im Rahmen einer durchdachten und geplanten Vorgehensweise vollzieht. Das Merkmal 'organisiert' betont, daß das Beschwerdemanagement in Form konkreter Regelungen abläuft.

Dieses Instrument ist zwar hauptsächlich ein Marketinginstrument, allerdings hat es auch einen controllingrelevanten Inhalt. Dieser besteht darin, daß das Beschwerdemanagement geeignet ist, Informationen zu liefern, die zu hotelbetrieblich relevanten Schlußfolgerungen verarbeitet werden können. Die Verarbeitung der Informationen geschieht dabei im Rahmen der Beschwerdeanalyse, die Teil des Beschwerdemanagementprozesses ist.

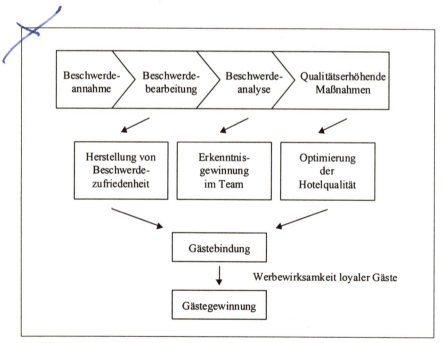

Abbildung 46: Beschwerdemanagement

4.5. Messung von Kundenzufriedenheit

Die Erfassung von Gästezufriedenheit zählt zu einem besonderen Problemfeld des Hotel-Controlling. Diese Controllingaktivität sollte so ausgestaltet sein, daß Ergebnisse resultieren, aus denen möglichst viele Schlußfolgerungen gezogen werden können. Dies gilt, da die Gästezufriedenheit der entscheidende Faktor in der Hotellerie ist. Folglich ist eine intensive Untersuchung geboten. Zudem ist diese Forderung auch vor dem Hintergrund der Tatsache zu sehen, daß der Aufwand, der mit der Messung von Gästezufriedenheit einhergeht, sich nur dann lohnt, wenn hieraus differenzierte Schlußfolgerungen gezogen werden können.

Kundenzufriedenheit wird hier als die Summe von Zufriedenheiten mit einzelnen hotelbetrieblichen Leistungen verstanden, wobei jede dieser Teilzufriedenheiten ein Produkt aus zwei Komponenten darstellt[120]. Die erste Komponente ist das Ausmaß, in dem die Erwartung, die der Gast an die hotelbetriebliche Leistung gestellt hat, erfüllt worden ist. Die zweite Komponente ist die Bedeutung, welche die einzelne hotelbetriebliche Leistung für den Gast hat.

Die Durchführung der Kundenzufriedenheitsmessung beginnt mit der Festlegung der hotelbetrieblichen Leistungen, welche in die Messung aufgenommen werden sollen. Sodann sind die beiden Komponenten der Zufriedenheit zu skalieren. Hierauf folgt die Erhebung der entsprechenden Zufriedenheitswerte. Die Gesamtzufriedenheit des einzelnen Gastes ergibt sich, wenn man bei jeder einzelnen hotelbetrieblichen Leistung das Produkt aus dem Wert, den der Gast im Hinblick auf das Ausmaß der erfüllten Erwartung genannt hat, mit dem Wert multipliziert, den er angegeben hat, um die Bedeutung zu bemessen, welche die jeweilige hotelbetriebliche Leistung für ihn hat, um im Anschluß hieran die einzelnen Teilzufriedenheiten zu addieren. Will man eine Gesamtbeurteilung des Hauses erreichen, sind Durchschnittswerte aller befragten Gäste zu errechnen.

Geht man hiernach vor, erhält man ein klares Bild über die Wahrnehmung des Hauses durch die Gäste. Gleichsam zeigt sich, wo anzusetzen ist, um die Zufriedenheit der Gäste zu erhöhen, wobei ein besonderer Vorteil darin besteht, Prioritäten zu finden. So wäre etwa mit zufriedenheitssteigernden Maßnahmen zunächst dort zu beginnen, wo die Gäste

---

120 Vgl. hierzu Barsky, Labagh (1992), S. 32 ff.

mit der besonders ungünstigen Kombination aus hoher Bedeutung und geringem Ausmaß an erfüllter Erwartung antworten. Die hierdurch mögliche Aufstellung von Prioritäten ist insbesondere dann wichtig, wenn bei der Durchführung zufriedenheitserhöhender Maßnahmen Budgets zu beachten sind.

Customer Satisfaction

Attribute	Score	Rank
Employee attitudes (ATT)	3.74	1
Location (LOC)	3.59	2
Room (ROOM)	3.26	3
Price (PRICE)	3.11	4
Facilities (FAC)	2.95	5
Reception (RECP)	2.66	6
Services (SVS)	2.61	7
Parking (PARK)	2.46	8
Food and beverage (F&B)	2.06	9
Average	2.94	

Abbildung 47: Kundenzufriedenheits-Ranking[121]

Abbildung 48: Mittelwerte der Kundenzufriedenheiten[122]

---

121 Quelle: Barsky, Labagh (1992), S. 35
122 Quelle: Barsky, Labagh (1992), S. 35

Mit der hier beschriebenen Erfassung von Gästezufriedenheit geht das Haus der Gefahr aus dem Weg, ein Budget, dessen Verausgabung der Kundenbindung dient, in der falschen Gewichtung zu verwenden.

Kundenzufriedenheitsmessungen sollten zudem, wenn möglich, auch zielgruppenorientiert vorgenommen werden. Dies ermöglicht differenzierte Aussagen, auf deren Basis gezielte Managemententscheidungen möglich sind.

Dabei ist auf eine sinnvolle Relation zwischen Aufwand und Nutzen zu achten. Die Beachtung dieser Forderung bildet eine Restriktion, die der Durchführung von Kundenzufriedenheitsmessungen deutliche Grenzen setzt. Um so wichtiger ist es, die Kundenzufriedenheitsmessung vorab zu planen und entsprechend gut zu organisieren.

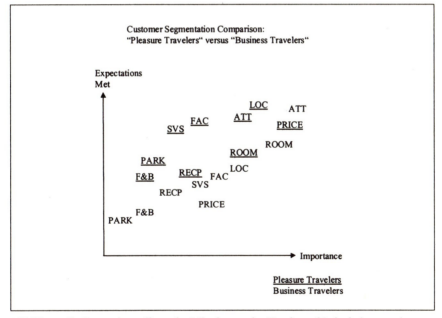

Abbildung 49: Gegenüberstellung der Mittelwerte der Kundenzufriedenheiten zweier Zielgruppen[123]

---

123 Quelle: Barsky, Labagh (1992), S. 37

Will man Kundenzufriedenheit durch einen Fragebogen erfassen, sind einige Besonderheiten zu berücksichtigen. So unterliegt die Erstellung von Fragebögen zwei Forderungen, die als Gütekriterien jeder Form empirischer Sozialforschung anzusehen sind. Die erste Forderung ist die Forderung nach Validität. Dies bedeutet, daß der Fragebogen das messen soll, was er zu messen vorgibt. Die Ergebnisse sollen also gültig sein. Zudem soll Reliabilität erreicht werden. Dies bedeutet, daß der Fragebogen, unabhängig davon was er mißt, genau mißt[124].

Entscheidend für den Erfolg im oben beschriebenen Sinne ist zunächst, daß sowohl der äußere als auch der innere Lesewiderstand gering ist. Der äußere Lesewiderstand beschreibt das Ausmaß der Erfassungsprobleme, die aufgrund der formalen Aufbereitung des Fragebogens bestehen. Hiermit sind Fragen der Schriftgröße, des Textaufbaus und ähnliches angesprochen. Der innere Lesewiderstand beschreibt Verständnisprobleme, die sich aufgrund des Inhalts des Fragebogens ergeben.

Zudem ist zu fordern, einen Pre-Test durchzuführen. Hierunter versteht man einen im Vorfeld der Aushändigung des Fragebogens an die eigentlichen Adressaten durchzuführenden Test, welcher der Kontrolle der Güte des Fragebogens dient. Hierbei wird der Fragebogen anderen Personen zum Ausfüllen ausgehändigt und danach festgestellt, inwieweit diese mit dem Fragebogen zurecht gekommen sind.

Des weiteren ist darauf zu achten, daß der Einsatz des Fragebogens der Forderung nach Repräsentativität Rechnung trägt. Dies bedeutet, daß derjenige Personenkreis, dem der Fragebogen ausgehändigt werden soll, die Grundgesamtheit, für die man sich interessiert, hinreichend genau widerspiegelt.

Hinzu kommt die Skalierungsproblematik, das heißt die Problematik, mit wie vielen Einschätzungsstufen gearbeitet wird. Eine allgemein anerkannte Zahl gibt es hier nicht. Trotzdem läßt sich sagen, daß sowohl eine Skala mit sehr wenigen Stufen als auch eine Skala mit sehr vielen Stufen gleichsam problematisch ist. Die einen Skalen werden der Differenziertheit menschlicher Wahrnehmung nicht gerecht, die anderen Skalen überfordern bei der Ausfüllung des Fragebogens.

---

124 Vgl. zur Konstruktion eines den Erkenntnissen der empirischen Sozialforschung entsprechenden Fragebogens ausführlich Bortz, Döring (1995), S. 231 ff. und Friedrichs (1990), S. 236 ff.

Darüber hinaus ist darauf zu achten, die Fragen sehr überlegt zu formulieren. So sind zunächst einmal Fragen ungeeignet, die den Charakter von Suggestivfragen haben. Des weiteren ist darauf zu achten, daß die Fragestellung beim Ausfüllenden nicht einen Gedankenfluß in Gang setzt, der für das eigene Haus eine negative Wirkung haben könnte. Eine solche Frage ist etwa gegeben, wenn Gäste danach gefragt werden, ob sie ein Haus nennen können, das sie als vorbildlich einstufen würden. Hier ist die Gefahr gegeben, daß der Gast den Eindruck bekommt, das Hotel hätte von sich selbst eine kritische Meinung. Zudem sollten Fragen so formuliert sein, daß sie eindeutig interpretierbar sind. Ebenso sind Fragen zu vermeiden, bei denen die Tendenz nahe liegt, daß der Adressat im Sinne sozialer Erwünschtheit antwortet[125].

Bezüglich der Erhebung von Kundenzufriedenheit durch Fragebögen ist entsprechend den obigen Ausführungen festzuhalten, daß nicht nur nach dem Ausmaß der Erfüllung der Erwartungen, sondern auch nach der Bedeutung gefragt wird, die der entsprechende Aspekt hat. Nur so kann Zufriedenheit vollständig erfaßt werden.

Weiterhin ist darauf zu achten, daß das Ausfüllen des Fragebogens nicht zu viel Zeit in Anspruch nimmt. So ist es unrealistisch und hinsichtlich der Rücklaufquote sehr problematisch, wenn die Beantwortung des Fragebogens vom Ausfüllenden verlangt, viel Zeit zu investieren. Dies beschränkt zwar auch die Menge an Informationen, die man erhalten kann, insgesamt erscheint es aber besser, eine Rücklaufquote zu erzielen, die gesicherte Schlußfolgerungen zuläßt und hierfür auf einige Informationen zu verzichten, als wenige Fragebögen mit vielen Informationen zurückzubekommen.

Nachstehend finden sich zwei Fragebogenentwürfe, die den Unterschied zwischen einem zielführenden und einem problematischen Fragebogen skizzieren sollen[126].

---

125 Der Fachbegriff der sozialen Erwünschtheit beschreibt das oft beobachtete Verhalten von Befragten, ihre Antworten an verbreiteten Normen und Erwartungen auszurichten. Vgl. Bortz, Döring (1995), S. 212 f.
126 Vgl. Abbildungen 50 und 51.

138 *Strategisches Controlling*

Beispiel eines zielführenden Fragebogens

Begrüßung: .....

Information: .....

Name:

Zweidimensionale Messung

Bedeutung   **Erfüllung der Erwartungen**

	Gering — Hoch	Gering — Hoch
• Reservierung	1 2 3 4 5 6 7	1 2 3 4 5 6 7
– Freundlichkeit	1 2 3 4 5 6 7	1 2 3 4 5 6 7
– Schnelligkeit	1 2 3 4 5 6 7	1 2 3 4 5 6 7
–		
•		
–	1 2 3 4 5 6 7	1 2 3 4 5 6 7
–	1 2 3 4 5 6 7	1 2 3 4 5 6 7
–	1 2 3 4 5 6 7	1 2 3 4 5 6 7

• Über Vorschläge zur Optimierung unserer Leistungen würden wir uns sehr freuen. Was könnten wir in unserem Hause verbessern?

• .....

Herzlichen Dank für Ihre Mitarbeit!

Abbildung 50: Beispiel eines zielführenden Fragebogens

Strategisches Controlling **139**

Beispiel eines problematischen Fragebogens

Begrüßung: .....

Name:
Alter:

	☺	😐	☹
• Reservierung	☐	☐	☐
• Lage des Hotels	☐	☐	☐
• Preis-Leistungs-Relation	☐	☐	☐
•	☐	☐	☐
•	☐	☐	☐
•	☐	☐	☐

• Können Sie uns ein Hotel nennen, das Sie bezüglich seiner Qualität als vorbildlich einstufen würden?

Herzlichen Dank für Ihre Mitarbeit!

Abbildung 51: Beispiel eines problematischen Fragebogens

4.6. Benchmarking

Benchmarking ist eine Controllingtechnik, deren Inhalt darin besteht, daß unternehmensinterne Untersuchungsobjekte mit ausgewählten Bezugsobjekten verglichen werden, um hieraus Schlußfolgerungen zu ziehen, die qualitätserhöhend umzusetzen sind[127]. Dabei sind die auf der Basis erkannter Verbesserungsmöglichkeiten durchgeführten Maßnahmen Bestandteil des Benchmarking, womit Benchmarking mehr bedeutet, als nur einen Vergleich durchzuführen. Der Vergleich, welcher der kritischen Analyse dient, ist nur ein Bestandteil des Benchmarking und nicht mit der Methode gleichzusetzen.

Der eigentliche controllingrelevante Inhalt von Benchmarking besteht in der durch die Vergleichsaktivitäten ermöglichten Gewinnung und Verarbeitung von Informationen. Kennzeichnend ist zudem, daß grundsätzlich alle hotelbetrieblich relevanten Inhalte einem Benchmarking unterzogen werden können. So kommen alle Prozesse, wie zum Beispiel der Check-In, die Reinigung der Zimmer, die Annahme einer Reservierung und alle Funktionen, wie zum Beispiel Marketing und Rechnungswesen, für ein Benchmarking in Betracht. Entscheidend ist allein, daß das Untersuchungsobjekt einen hinreichend großen Beitrag zur hotelbetrieblichen Wertschöpfung leistet, so daß der Aufwand, der mit der Methode einhergeht, gerechtfertigt ist und daß ein geeignetes Vergleichsobjekt gefunden wird. Dieses muß nicht unbedingt einen außergewöhnlichen Leistungsstandard repräsentieren. Vielmehr ist es ausreichend, daß das Vergleichsobjekt einen besseren Leistungsstandard als das unternehmensinterne Untersuchungsobjekt hat.

Benchmarking kann in drei verschiedenen Formen durchgeführt werden. Die erste Form des Benchmarking ist das interne Benchmarking. Diese Benchmarkingvariante ist dadurch gekennzeichnet, daß unternehmensinterne Bezugsobjekte ausgewählt werden. Ein Beispiel für diese Form ist ein durch eine Hotelkette durchgeführtes Benchmarking, das auf den Vergleich eines Prozesses oder einer Funktion in einem der Kette angehörigen Haus mit einem Prozeß oder einer Funktion in einem anderen der Hotelkette zugehörigen Haus abzielt. So könnte man etwa ein internes Benchmarking durchführen, dessen Gegenstand der Vergleich des Sales Management eines der Kette angehörigen Hotelbetriebs mit dem Sales Management ist, wie es in einem anderen der Kette angehörigen Haus

---

127 Vgl. zum Benchmarking ausführlich Watson (1993).

praktiziert wird. Die zweite Form des Benchmarking ist das wettbewerbsorientierte Benchmarking. Hier ist das Bezugsobjekt ein Prozeß oder eine Funktion in einem Konkurrenzbetrieb. Die dritte Form des Benchmarking ist das branchenübergreifende Benchmarking. Hier ist das Bezugsobjekt ein Prozeß oder eine Funktion in einem Unternehmen außerhalb der Hotellerie. Diese Benchmarkingform liegt etwa vor, wenn der Check-In-Prozeß eines Hotelbetriebs mit dem einer Fluggesellschaft verglichen wird.

Benchmarking läuft als Prozeß ab[128]. Die erste Phase ist die Bestimmung des Benchmarking-Objektes. Hierunter wird das Untersuchungsobjekt verstanden, von dem vermutet wird, daß es einem höheren Leistungsstandard zugeführt werden kann. Die hierauf folgende Phase ist die Bildung des Benchmarkingteams. Dieses besteht aus verschiedenen Mitarbeitern des Hotelbetriebs und wird von einer Führungskraft geleitet. Ihnen kommt die dem Benchmarking eigene Controllingaufgabe zu. Die dritte Phase ist die Prozeßanalyse. Hieran schließt sich die Auswahl des Benchmarkingpartners sowie die Kontaktaufnahme zu diesem an. Diese Aufgabe ist beim internen Benchmarking relativ leicht zu erfüllen, schwierig hingegen beim branchenübergreifenden Benchmarking. Im Falle des wettbewerbsorientierten Benchmarking liegt sogar eine sehr schwierige Aufgabe vor. Diesbezüglich ist anzumerken, daß, wenn die Suche nach einem Benchmarkingpartner in der Hotellerie nicht zu einem langwierigen Verfahren werden soll, versucht werden sollte, einen Betrieb zu gewinnen, der aufgrund seiner Lage nicht als Konkurrent anzusehen ist. Dementsprechend ist ein Betrieb zu suchen, dessen Standort weit genug entfernt liegt und der an einer Zusammenarbeit interessiert ist. Dies ist dann der Fall, wenn der entsprechende Benchmarkingpartner bei eigenen Prozessen oder Funktionen Verbesserungspotentiale vermutet, die er durch ein Benchmarkingprojekt ausschöpfen will, so daß ein wechselseitiges Benchmarking vereinbart werden kann, das darauf beruht, daß jeweils der einzelne Betrieb dort Stärken aufweist, wo der andere Betrieb Schwächen hat. Die nächste Phase ist die Analyse des Benchmarkingpartners. Hier wird untersucht, wie der entsprechende Prozeß durch den Benchmarkingpartner gestaltet wird beziehungsweise wie die entsprechende Funktion von diesem ausgeführt wird, wobei die diesbezüglichen Unterschiede zum eigenen Betrieb möglichst detailliert herauszuarbeiten sind. Den Abschluß des Benchmarkingprozesses bilden die Maßnahmenplanung, die Durchführung der Maßnahmen sowie die Kontrolle des Erfolgs der Maßnahmen.

---

128 Vgl. Abbildung 52.

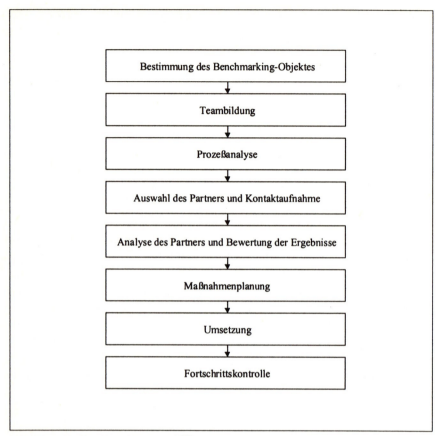

Abbildung 52: Benchmarkingprozeß[129]

Nachstehend finden sich einige beispielhaft wiedergegebene Benchmarkingergebnisse[130].

---

129 Quelle: In Anlehnung an Töpfer (1997), S. 203
130 Vgl. Abbildungen 53 - 56.

Strategisches Controlling **143**

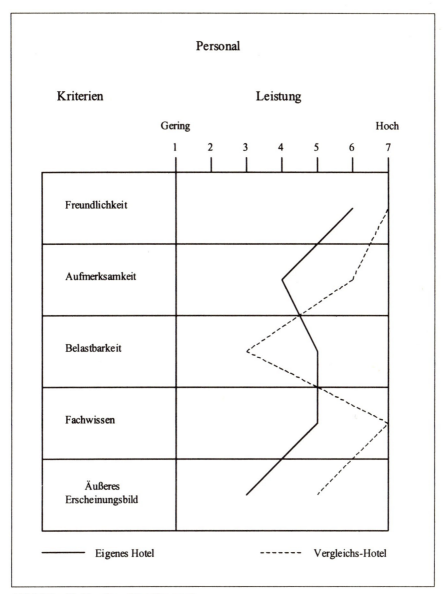

Abbildung 53: Benchmarking Personal

144 *Strategisches Controlling*

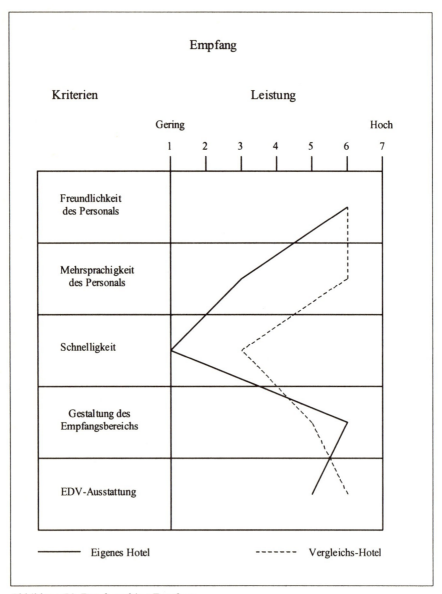

Abbildung 54: Benchmarking Empfang

Strategisches Controlling **145**

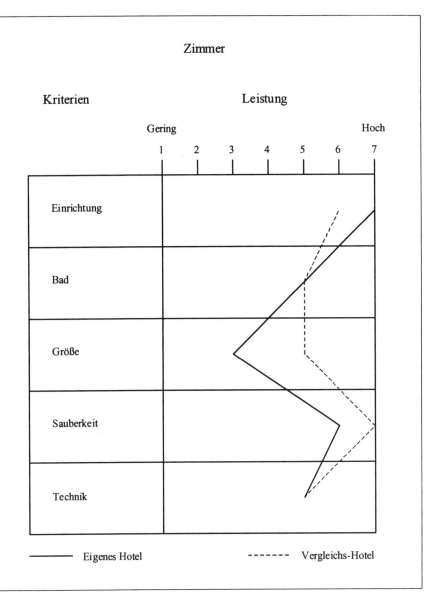

Abbildung 55: Benchmarking Zimmer

146 *Strategisches Controlling*

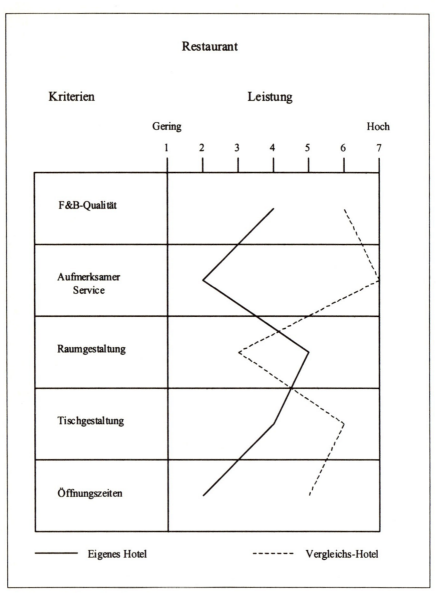

Abbildung 56: Benchmarking Restaurant

Englische Fachbegriffe der Hotellerie

Accommodation capacity	Beherbergungskapazität[131]
Additional charge for single room	Einzelzimmerzuschlag
Advance in price	Preiserhöhung
Advertisement	Inserat
Advertising	Werbung
Advertising abroad	Auslandswerbung
Advertising agency	Werbeagentur
Advertising budget	Werbebudget
Advertising letter	Werbebrief
Advertising media	Werbemittel
Advertising program	Werbeplan
Advice of dispatch	Versandanzeige
Advisor	Berater
Advisory service	Beratungsdienst
After-season	Nachsaison
After-season reduction	Nachsaisonermäßigung
Agency	Agentur
Agency commission	Agenturprovision
All-expense trip	Pauschalreise
All-in journey	Pauschalreise
Applicant	Bewerber
Application	Bewerbung
Application form	Antragsformular
Application software	Anwendersoftware
Appointed hotel	Vertragshotel
Appointed office	Vertragsbüro
Appointed restaurant	Vertragsgaststätte
Apprenticeship	Ausbildung
Assistant	Gehilfe, Assistent
Assistant cook	Hilfskoch, Jungkoch
Assistant head-waiter	Chef de rang
Associate	Teilhaber
Associate advertising	Gemeinschaftswerbung
Association	Arbeitsgemeinschaft, Gesellschaft
Assurance	Versicherung, Erklärung
Attendance	Bedienung

---

[131] Vgl. hierzu und im folgenden Schaetzing, Englisch (1994).

Authorized establishment	Vertragshaus
Authorized hotel	Vertragshotel
Baggage service	Gepäckdienst
Banquet	Bankett
Banquet business	Bankettgeschäft
Banquet manager	Bankettleiter
Bargain	Handel
Bellboy	Hotelpage
Bellcaptain	Portier
Bellman	Hoteldiener
Beverage	Getränk
Beverage-tax	Getränkesteuer
Bill of fare	Speisekarte
Board	Verpflegung, Beköstigung
Board residence	Vollpension
Boarding house	Pension
Breakfast room	Frühstücksraum
Building fixtures	Gebäudeeinrichtung
Built-in control	Automatische Kontrolle
Business premises	Geschäftsräume
Buyer	Einkäufer
Calculation	Rechnung, Kalkulation
Capacity of accommodation	Aufnahmekapazität
Care fare	Fahrtkosten
Central buying	Zentraler Einkauf
Certificate	Zeugnis, Bescheinigung
Certificate of conduct	Führungszeugnis
Check-in	Anmeldung
Check-out	Abmeldung
China and glassware	Porzellan- und Glaswaren
Church tax	Kirchensteuer
Class of stock	Aktiengattung
Classification of hotels	Hotelklassifizierung
Cleaning personal	Reinigungspersonal
Commitment	Verpflichtung
Concierge	Portier
Connecting rooms	Ineinandergehende Zimmer
Contract	Vertrag, Vereinbarung
Contract of guarantee	Bürgschaft
Credit card	Kreditkarte
Credit card commission	Kreditkartenprovision

Credit facilities	Kreditmöglichkeiten
Credit line	Kreditlinie
Credit standards	Kreditrichtlinien
Credit standing	Kreditwürdigkeit, Bonität
Credit supply	Kreditbeschaffung
Current rate	Tageskurs
Curriculum vitae	Lebenslauf
Customs	Zoll
Daily cash receipts	Tägliche Kasseneinzahlungen
Daily cash report	Täglicher Kassenbericht
Data bank	Datenbank
Data processing	Datenverarbeitung
Date of arrival	Ankunftsdatum, Ankunftstermin
Date of birth	Geburtsdatum
Date of departure	Abreisedatum
Day rate	Tageszimmerpreis
Day restaurant	Tagesrestaurant
Day-room	Aufenthaltsraum
Declaration	Anmeldung
Deficit	Defizit, Verlust
Demand	Nachfrage
Dismissal restrictions	Kündigungsschutz
Distribution	Verteilung, Vertrieb
Distribution channel	Absatzweg
Diversification	Differenzierung, Diversifikation
Duty	Pflicht, Zoll
Duty-free	Zollfrei
Efficiency	Leistung, Leistungsfähigkeit
Electric power consumption	Stromverbrauch
Employee	Angestellter
Employer	Unternehmer, Arbeitgeber
Employment contract	Arbeitsvertrag
Exchange rate	Wechselkurs
Executive	Vorstandsmitglied, Führungskraft
Executive board	Vorstand
Executive chef	Küchenchef
Executive housekeeper	Leiterin der Hausdamenabteilung
Family rate	Spezialpreis für Familien
Family status	Familienstand
Figure	Zahl, Ziffer, Abbildung
First class hotel	Hotel erster Klasse

Flat price	Einheitspreis
Flat rate	Niedrigster Zimmerpreis
Flat sum	Pauschalbetrag
Fleet of trucks	Fuhrpark
Floor	Stockwerk, Etage
Floor staff	Etagenpersonal
Flow chart	Ablaufdiagramm
Flow of work	Arbeitsablauf
Flow process chart	Arbeitsablaufbogen, Arbeitsablaufanalyse
Fluctuation of price	Preisschwankung
Food	Speisen, Verpflegung
Franchise agreement	Franchise-Vertrag
Franchise fee	Franchise-Gebühr
Free of charge	Ohne Berechnung
Front office department	Empfangsabteilung
Front office staff	Empfangspersonal
Full board	Vollpension
Full pension	Vollpension
Function room	Veranstaltungsraum
Gain contingencies	Unsichere Ansprüche
General manager	Generaldirektor
Goods	Waren, Güter
Goods in hand	Warenvorrat
Gross weight	Bruttogewicht
Group buying	Sammeleinkauf
Group discount	Gruppenermäßigung
Growth	Wachstum
Guarantee	Garantie
Guaranteed reservation	Feste Reservierung
Guest house	Pension
Guest questionnaire	Gästefragebogen
Guest registration	Gästeregistrierung
Guest-room	Gästezimmer, Fremdenzimmer
Half-fare	Halber Preis
Half-pension	Halbpension
Hall porter	Hotelportier
Halt	Aufenthalt
Head office	Zentrale, Hauptbüro
Head waiter	Oberkellner
Headquarter	Hauptverwaltung

High season	Hochsaison
Hire	Miete
Hire charge	Verleihgebühr
Hire service	Verleih
Hired car	Mietwagen
Hiring policy	Einstellungspolitik
Holiday pay	Feiertagslohn, Urlaubsgeld
Home office	Zentrale
Hotel accommodation	Hotelunterkunft
Hotel bill	Hotelrechnung
Hotel booking	Hotelbuchung
Hotel bookings	Hotelbelegung
Hotel broker	Hotelnachweis
Hotel capacity	Hotelkapazität
Hotel chain	Hotelkette
Hotel dining-room	Hotelrestaurant
Hotel fraud	Zechprellerei
Hotel guest	Hotelgast
Hotel guide	Hotelführer
Hotel industry	Hotellerie
Hotel lobby	Hotelempfangshalle
Hotel lounge	Aufenthaltsraum
Hotel manager	Hoteldirektor
Hotel occupancy	Hotelbelegung
Hotel operation	Hotelbetrieb
Hotel owner	Hotelbesitzer
Hotel register	Gästeverzeichnis, Meldebuch
Hotel reservation	Zimmerreservierung
Hotel room	Hotelzimmer
Hotel rules and regulations	Hotelordnung
Hotel side	Hotelgelände, Hotelgrundstück
Hotel size	Hotelgröße
Hotel staff	Hotelpersonal
Hotel trade	Hotellerie, Hotelwesen
Hotel vestibule	Hotelhalle
Hotel voucher	Hotelgutschein
Hourly rate	Stundenlohn
Hours absent	Fehlstunden
Hours of rest	Ruhezeiten
Hours of service	Betriebszeit
Hours worked	Geleistete Arbeitsstunden

Housekeeper	Hausdame
Housekeeping department	Hausdamenbereich
Houseman	Hoteldiener, Reinigungspersonal
Housing bureau	Wohnungs- und Zimmervermittlung
Illness frequency rate	Krankheitsrate
Illustrated booklet	Bildprospekt
Immediate supervisor	Direkter Vorgesetzter
Immovables	Immobilien
Incentive system	Prämiensystem
Inclusive price	Pauschalpreis
Inclusive trip	Pauschalreise
Index figure	Kennzahl
Inn	Gasthaus
Innkeeper	Gastwirt, Gastronom
Innkeeping	Hotelwesen
Inquiry office	Informationsbüro, Auskunftsstelle
Instruction card	Arbeitsanweisung
Interim bill	Zwischenrechnung
Interior equipment	Inneneinrichtung
Intermediate season	Zwischensaison
Job attribute	Tätigkeitsmerkmal
Job breakdown	Tätigkeitsbeschreibung
Job description	Stellenbeschreibung
Job enlargement	Arbeitserweiterung
Job enrichment	Arbeitsanreicherung
Job evaluation	Arbeitsbewertung
Job holder	Stelleninhaber
Job instruction	Arbeitsunterweisung
Job knowledge	Fachwissen
Job rotation	Arbeitsplatzrotation
Job satisfaction	Arbeitszufriedenheit
Job security	Arbeitsplatzsicherheit
Job specification	Arbeitsplatzbeschreibung
Job standardization	Arbeitsplatzstandardisierung
Job title	Stellenbezeichnung
Junior cook	Jungkoch, Hilfskoch
Junior suite	Ein-Zimmer-Suite
Keen competition	Intensiver Wettbewerb
Key position	Schlüsselstellung
Labor contract	Tarifvertrag

Labor force	Arbeitskräfte
Labor market	Arbeitsmarkt
Late booking	Spätbuchung
Late payment	Nachzahlung
Laundry	Wäsche, Wäscherei
Laundry manager	Wäschereileiter
Lavatory	Toilette, Waschraum
Leaseholder	Mieter, Pächter
Lending fee	Leihgebühr
Length of stay	Aufenthaltsdauer
Lessee	Leasingnehmer, Mieter
Lessor	Leasinggeber, Vermieter
Liable of charges	Gebührenpflichtig
Licence, License	Ausschanklizenz, Konzession
Licensor	Lizenzgeber
Lien	Pfandrecht
List	Verzeichnis, Liste
List price	Listenpreis
Litigation	Prozeß, Rechtsstreit
Lodging	Unterkunft, Quartier, Logis
Lodging-house	Hotel garni, Logierhaus
Loss of earnings	Verdienstausfall
Lounge	Aufenthaltsraum, Hotelhalle
Lump sum	Pauschale, Pauschalbetrag
Luxury hotel	Luxushotel
Maid	Zimmermädchen, Dienstmädchen
Maiden name	Mädchenname, Geburtsname
Main office	Zentrale, Hauptbüro
Maitre	Oberkellner
Matron	Hausdame
Measurement of performance	Leistungsmessung
Merger	Fusion
Merit rating	Leistungsbeurteilung
Method and procedures	Ablauforganisation
Middle management	Mittleres Management
Minimum rate	Mindestpreis
Miscellaneous banquet income	Verschiedene Bankettumsätze
Moderate rate	Mittlere Preislage
Motor hotel	Motel
Negotiation	Verhandlung, Abschluß
Night concierge	Nachtportier

Occupancy	Zimmerbelegung
Occupancy percentage	Belegungsprozentsatz
Off-peak fare	Vor- und Nachsaisonpreis
Off-peak season	Vor- und Nachsaison
Offer of employment	Stellenangebot
Opening of the season	Saisoneröffnung
Opinion survey	Meinungsumfrage
Overtime	Überstunden
Pageboy	Page
Parent company	Muttergesellschaft
Part-timer	Teilzeitarbeiter, Aushilfe
Partial board	Teilverpflegung
Party rate	Gruppentarif
Party tour	Gruppenreise
Pay	Lohn, Gehalt
Peak load	Belastungsspitze, Arbeitshäufung
Peak season	Hochsaison
Performance	Leistung
Performance control	Leistungskontrolle
Performance standards	Leistungsmaßstab
Period of stay	Aufenthaltsdauer
Period of valid	Gültigkeitsdauer
Perishable goods	Verderbliche Waren
Permanent resident	Dauergast
Personal expenses	Persönliche Ausgaben
Personnel	Personal
Personnel department	Personalabteilung
Personnel requisition	Personalanforderung
Planning	Planung
Porter	Hoteldiener, Gepäckträger
Postal money order	Postanweisung
Postal rate	Porto
Postal stamp	Briefmarke
Potential of accommodation	Aufnahmepotential
Power consumption	Stromverbrauch
Pre-season	Vorsaison
Predict demand	Prognose der Nachfrage
Previous season	Vorherige Saison
Price category	Preisklasse
Price cut	Preisermäßigung
Price for board and lodging	Pensionspreis

Price increase	Preiserhöhung
Price list	Preisliste
Price policy	Preispolitik
Price structure	Preisgefüge
Prices on request	Preise auf Anfrage
Prices subject to alteration	Preisänderung vorbehalten
Prices without guarantee	Preis ohne Gewähr
Pricing	Preisfestsetzung
Process chart	Arbeitsablaufdiagramm
Product mix	Sortiment
Production control	Steuerung der Produktion
Production planning	Produktionsplanung
Production standard	Leistungseinheit
Productivity	Leistung, Produktivität
Profession	Beruf
Promissory note	Schuldschein
Promotion	Werbung, Verkaufsförderung
Property, plant and equipment	Sachanlagen
Property manager	Hotelmanager
Property right	Eigentumsrecht
Public relations	Öffentlichkeitsarbeit
Publicity department	Werbeabteilung
Qualification	Qualifikation, Eignung
Quick-service restaurant	Schnellgaststätte
Quit rate	Kündigungsquote
Rationalization	Rationalisierung
Restraint of trade	Wettbewerbsbeschränkung
Risk of litigation	Prozeßrisiko
Room charge	Zimmerpreis
Room clerk	Empfangsdame, Empfangsherr
Room service	Etagenservice
Rooming list	Zimmerliste
Rotating shift	Wechselschicht
Sales promotion	Verkaufsförderung
Sales representative	Verkaufsvertreter
Sanitary regulations	Gesundheitsvorschriften
School of hotel management	Hotelfachschule
Seasonal business	Saisongeschäft
Seasonal employment	Saisonale Beschäftigung
Seasonal surcharge	Saisonzuschlag
Seasonal variation	Saisonschwankung

Service charge	Bedienungsgeld
Service staff	Bedienungspersonal
Service trade	Dienstleistungsgewerbe
Servicing	Wartung
Skilled manpower	Gelernte Arbeitskraft
Spare room	Fremdenzimmer, Gästezimmer
Staff function	Stabsfunktion
Staffing schedule	Stellenbesetzungsplan
Standard of performance	Leistungsstandard
Supply	Angebot
Tip	Trinkgeld
Trade	Handel, Gewerbe
Transient hotel	Hotel für Durchreisende
Twin	Zimmer mit zwei einzelnen Betten
Unit	Einheit
User	Verbraucher, Benutzer
Valuables	Wertsachen
Vending machine	Verkaufsautomat
Verification	Nachprüfung, Überprüfung
Wage	Lohn
Wage increase	Lohnerhöhung
Wages according to agreement	Tariflohn
Warehouse	Lagerhaus
Wholesale discount	Großhandelsrabatt
Work flow analysis	Arbeitsablaufanalyse
Work load	Arbeitsbelastung
Work satisfaction	Arbeitszufriedenheit
Work terms	Arbeitsbedingungen
Working climate	Betriebsklima
Working instruction	Dienstanweisung

Englische Fachbegriffe des Controlling

Accelerated depreciation	Sonderabschreibung[132]
Account	Konto
Account classification	Kontengliederung
Account format	Kontoform
Accounting	Rechnungswesen
Accounting principles	Bilanzierungsgrundsätze
Accounts payable	Verbindlichkeiten
Accounts receivable	Forderungen
Accrual for income tax	Rückstellung für Ertragsteuer
Accrued expenses	Antizipatives Passivum
Accrued income	Antizipatives Aktivum
Accrued liabilities	Rückstellungen
Acquisition costs	Anschaffungskosten
Acquisition of a company	Unternehmenskauf
Activity level	Beschäftigungsgrad
Activity report	Tätigkeitsbericht
Actual cost system	Vollkostenrechnungssystem
Actual costs	Ist-Kosten
Additional charge	Aufschlag, Nebenkosten
Additional paid-in capital	Kapitalrücklage
Additions	Zugänge
Adjustment	Berichtigung
Administration	Verwaltung
Administrative expenses	Verwaltungskosten
Advance	Vorschuß
Advance booking	Vorbestellung
Advance deposit	Anzahlung
Advance payment	Anzahlung
Advance reservation	Voranmeldung
Advance to suppliers	Geleistete Anzahlungen
Affiliated entities	Verbundene Unternehmen
Affiliation	Angliederung, Mitgliedsaufnahme
Affirmation	Bestätigung
Aggregate amount	Gesamtbetrag
Agreement	Zustimmung, Abkommen, Vertrag
Allocation	Kostenumlage

---

[132] Vgl. hierzu und im folgenden Arthur Andersen (1996).

Allowance	Rabatt, Vergütung
Allowance for doubtful accounts	Wertberichtigung auf Forderungen
Amortization	Tilgung, Abschreibung
Amortized cost	Buchwert
Analysis of fixed assets	Anlagespiegel
Annual accounting period	Geschäftsjahr
Annual earnings	Jahresverdienst
Annual meeting	Hauptversammlung
Annual report	Geschäftsbericht
Annual usage	Jahresverbrauch
Appraisal	Schätzung, Bewertung
Appropriated retained earnings	Zweckgebundene Rücklagen
Appropriated surplus	Zweckgebundene Rücklagen
Approval	Einwilligung, Genehmigung
Approximate value	Näherungswert
Asset	Vermögensgegenstand
Assets	Aktiva
Assignment	Abtretung, Auftrag
Assignment of accounts receivable	Forderungsabtretung
Assumed economic life	Betriebsgewöhnliche Nutzungsdauer
At the lower of cost or market	Niederstwertprinzip
Audit	Buchprüfung
Audit date	Prüfungsstichtag
Auditor	Abschlußprüfer
Auditors' report	Prüfungsbericht
Authorized shares	Nominalkapital
Available funds	Verfügbare Mittel
Average room rate	Durchschnittlicher Hotelzimmerpreis
Bad debts	Uneinbringliche Forderungen
Balance sheet	Bilanz
Balance sheet date	Bilanzstichtag
Balance sheet item	Bilanzposition
Balance sheet period	Bilanzierungszeitraum
Balance sheet value	Bilanzwert, Bilanzansatz
Basic pay	Grundlohn
Basic salary	Grundgehalt
Bill	Rechnung
Bill of exchange	Wechsel
Book value	Buchwert

Booking	Buchung
Budget variance	Budgetabweichung
Building	Gebäude
Building equipment	Gebäudeausstattung
Business	Geschäft, Betrieb, Unternehmung
Business combinations	Unternehmenszusammenschlüsse
Business hours	Geschäftszeit
Business organization	Rechtsform
Business recession	Geschäftsrückgang
Business relation	Geschäftsverbindung
Business transaction	Geschäftsvorfall
Business volume	Geschäftsumfang
Capacity	Kapazität, Leistungsvermögen
Capital employed	Betriebsnotwendiges Kapital
Capital expenditure	Investition
Capital not paid-in	Ausstehende Einlagen
Capital stock	Grundkapital
Capital yield	Kapitalertrag
Cash and cash equivalents	Flüssige Mittel
Cash discount	Skonto
Cash in banks	Bankguthaben
Cash on hand	Kassenbestand
Cash position	Liquiditätslage
Cash remittance	Überweisung
Cash requirement	Finanzbedarf
Cash value	Barwert
Commercial balance sheet	Handelsbilanz
Commission	Provision
Common stock	Stammaktien
Comparability	Vergleichbarkeit
Consistency	Stetigkeit
Consistency in valuation	Grundsatz der Bewertungsstetigkeit
Consolidated balance sheet	Konzernbilanz
Consolidated financial statements	Konzernabschluß
Controllable costs	Variable Kosten
Cost accounting	Kostenrechnung
Cost allocation	Kostenumlage
Cost analysis	Kostenanalyse
Cost center	Kostenstelle
Cost distribution	Kostenumlage

Cost of goods purchased	Wareneinstandskosten
Cost of sales	Anschaffungs- und Herstellungskosten der verkauften Leistungen
Cost price	Selbstkostenpreis
Cost reduction	Kostensenkung
Cost responsibility	Kostenverantwortlichkeit
Cost variation	Kostenabweichung
Costing	Kostenermittlung
Costs	Kosten
Corporate income tax	Körperschaftsteuer
Currency	Währung
Current account	Kontokorrentkonto, Girokonto
Current assets	Umlaufvermögen
Current balance	Kontokorrentguthaben
Current liabilities	Kurzfristige Verbindlichkeiten
Debt	Fremdkapital
Declining balance depreciation	Degressive Abschreibung
Deferred income	Transitorisches Passivum
Deferred income taxes	Latente Steuern
Department	Abteilung
Departmental costing	Kostenstellenrechnung
Depreciable assets	Abnutzbare Anlagegegenstände
Depreciation	Abschreibung
Devaluation	Abwertung
Direct costing system	Teilkostenrechnungssystem
Disbursements	Auszahlungen
Disclosure	Offenlegung
Distribution	Verteilung, Vertrieb
Earnings	Einkommen
Expenditures	Ausgaben
Expenses	Aufwendungen
Financial accounting	Finanzbuchhaltung, Bilanzierung
Financial assets	Finanzanlagen
Financial auditing	Prüfung des betrieblichen Finanz- und Rechnungswesens
Financial position	Vermögenslage, Finanzlage
Fixed assets	Anlagevermögen
Fixed charges	Fixkosten
Fixed costs	Fixkosten
Gain on sale of property	Veräußerungsgewinne
Goodwill	Firmenwert

Gross profit	Bruttoergebnis
Hidden reserves	Stille Reserven
Impairment	Wertminderung
Imputed interest	Kalkulatorische Zinsen
Income statement	Gewinn- und Verlustrechnung
Income tax	Ertragsteuer
Increase of wages	Lohnerhöhung
Intangible assets	Immaterielle Vermögensgegenstände
Interest	Zinsen
Interest and dividends receivable	Zins- und Dividendenforderungen
Interest expense	Zinsaufwand
Interest income	Zinsertrag
Inventories	Vorräte
Inventory list	Inventar
Investment	Investition, Anlage, Beteiligung
Investment by owners	Einlagen
Invoice	Rechnung
Invoice amount	Rechnungsbetrag
Key number	Kennziffer
Land	Grundstück
Land improvements	Grundstückseinrichtungen
Leaseholder	Mieter, Pächter
Legal form	Rechtsform
Liabilities	Verbindlichkeiten
Limit of credit	Kreditgrenze
Liquid assets	Liquide Vermögensgegenstände
Liquid funds	Flüssige Mittel
Liquidity	Liquidität
Liquidity position	Liquiditätslage
Loans payable	Darlehensverbindlichkeiten
Loans receivable	Darlehensforderungen
Long-range profit planning	Langfristige Erfolgsplanung
Long-term credit	Langfristiger Kredit
Long-term debt	Langfristige Verbindlichkeiten
Long-term liabilities	Langfristige Verbindlichkeiten
Machinery and equipment	Technische Anlagen und Geschäftsausstattung
Maintenance costs	Instandhaltungskosten
Market analysis	Marktanalyse
Market price	Marktpreis

Market research	Marktforschung
Market value	Marktwert
Marketable security	Wertpapier des Umlaufvermögens
Merchandise	Ware, Warenlager
Merchandise inventory	Warenbestand
Method of amortization	Abschreibungsmethode
Method of payment	Zahlungsweise
Minority stockholder	Minderheitsaktionär
Miscellaneous marketing expenses	Sonstige Marketingkosten
Miscellaneous other income	Verschiedene sonstige Umsätze
Net assets tax	Vermögensteuer
Net income	Jahresüberschuß
Net property and equipment	Sachanlagevermögen abzüglich Abschreibungen
Net reveivables	Forderungen abzüglich der uneinbringlichen Forderungen
Net revenue	Nettoumsatz, Nettoerlös
Net worth	Eigenkapital
Noncurrent assets	Anlagevermögen
Noncurrent receivables	Langfristige Forderungen
Notes	Anhang
Notes payable	Wechselverbindlichkeiten
Notes receivable	Wechselforderungen
Operating costs	Betriebskosten
Operating income	Betriebsergebnis
Overhead costs	Gemeinkosten
Overhead expenses	Gemeinkosten
Owner	Eigentümer
Ownership	Eigentum
Owners' equity	Eigenkapital
Part payment	Teilzahlung
Partial payment	Teilzahlung
Participation	Anteil, Beteiligung
Particulars	Einzelangaben
Payment	Zahlung, Auszahlung
Payroll	Lohnabrechnung
Payroll deductions	Einbehaltene Lohnsteuer und Sozialabgaben
Pension obligations	Pensionsverpflichtungen
Pension reserves	Pensionsrückstellungen
Preferred stock	Vorzugsaktie

Prepaid expenses	Transitorisches Aktivum
Prepayment	Vorauszahlung
Present value	Barwert
Price allowance	Preisnachlaß
Principal payment	Kapitalrückzahlung, Tilgung
Profit	Gewinn
Profit sharing plan	Gewinnbeteiligung, Tantiemen
Profitability	Rentabilität
Promissory note	Schuldschein
Property, plant and equipment	Anlagevermögen
Provision	Rückstellung, Wertberichtigung
Purchase	Einkauf
Quality	Qualität
Quality assurance program	Qualitätsprüfungsprogramm
Quality checker	Qualitätskontrolleur
Quality evaluation	Qualitätsbewertung
Quality label	Gütezeichen
Quality standard	Qualitätsstandard
Quantitative analysis	Quantitative Untersuchung
Quantity	Quantität
Quantity discount	Rückvergütung
Questionary	Fragebogen
Questionnaire	Fragebogen
Rack rate	Standard-Zimmerpreis
Rate	Preis, Rate, Anteil
Rate of exchange	Devisenkurs
Ratio	Verhältnis, Kennziffer
Real property rights	Grundstücksgleiche Rechte
Realizable value	Veräußerungswert, Gegenwartswert
Rebate	Preisnachlaß, Rabatt
Receipt	Quittung
Receipts	Einzahlungen
Receivables	Forderungen
Reclassification	Umbuchung
Recruitment	Personalbeschaffung
Refund	Rückerstattung
Refusal to pay	Zahlungsverweigerung
Rental charge	Mietgebühr
Repairs and maintenance	Reparaturen und Instandhaltung
Repayment amount	Rückzahlungsbetrag

Replacement amount	Wiederbeschaffungswert
Report	Bericht
Retained earnings	Gewinnrücklagen
Retirement	Ruhestand, Pension
Return on equity	Eigenkapitalrentabilität
Return on sales	Umsatzrentabilität
Revenues	Erträge
Salary	Gehalt
Sale	Verkauf, Absatz
Sales	Umsatz
Sales department	Verkaufsabteilung
Securities	Wertpapiere
Selling expenses	Vertriebskosten
Selling price	Verkaufspreis
Short-term borrowings	Kurzfristige Kreditverbindlichkeiten
Short-term investments	Kurzfristige Anlagen
Stockholders´ equity	Eigenkapital
Straight line depreciation	Lineare Abschreibungsmethode
Survey	Erhebung, Untersuchung
Survey sheet	Erhebungsbogen, Fragebogen
Tax	Steuer
Taxation	Besteuerung
Taxes payable	Steuerverbindlichkeiten
Terms	Vertragsbedingungen
Terms of delivery	Lieferbedingungen
Unit price	Preis pro Einheit
Useful life of the asset	Betriebsgewöhnliche Nutzungsdauer
Utility costs	Energiekosten
Valuables	Wertsachen
Valuation	Bewertung
Value	Wert
Value added tax	Mehrwertsteuer
Variable costs	Variable Kosten
Variance	Veränderung, Abweichung

Literaturverzeichnis

Arthur Andersen (Hrsg.): Fachwörterbuch Rechnungslegung, Steuern, Bankwesen, EDV, 4. Aufl., Stuttgart 1996

Ballwieser, W. (Hrsg.): US-amerikanische Rechnungslegung, 2. Aufl., Stuttgart 1996

Bamberg, G., Baur, F.: Statistik, 9. Aufl., München Wien 1996

Barsky, D., Labagh, R.: A Strategy for Customer Satisfaction, in: The Cornell Hotel and Restaurant Administration Quarterly, October 1992, Vol. 33/No. 5, S. 32-40

Barth, K., Benden, S., Theis, H.-J.: Hotel-Marketing, Wiesbaden 1994

Born, K.: Rechnungslegung international, Stuttgart 1997

Bortz, J.: Statistik für Sozialwissenschaftler, 4. Aufl., Berlin u.a. 1993

Bortz, J., Döring, N.: Forschungsmethoden und Evaluation für Sozialwissenschaftler, 2. Aufl., Berlin u.a. 1995

Bruhn, M., Stauss, B. (Hrsg.): Dienstleistungsqualität, Wiesbaden 1991

Coenenberg, A.G.: Jahresabschluß und Jahresabschlußanalyse, 16. Aufl., Landsberg a.L. 1997

Coltman, M.M.: Hospitality Management Accounting, 5. Aufl., New York 1994

Dichtl, E.: Marketing, in: Allgemeine Betriebswirtschaftslehre, Band 3: Leistungsprozeß, hrsg. v. F.X. Bea, E. Dichtl und M. Schweitzer, 7. Aufl., Stuttgart 1997, S. 133-204

Dreyer, A., Dehner, C.: Kundenzufriedenheit im Tourismus, München, Wien 1998

Educational Institute of the American Hotel & Motel Association (Hrsg.): Uniform System of Accounts for the Lodging Industry, 9. Aufl., East Lansing 1996

Friedrichs, J.: Methoden empirischer Sozialforschung, 14. Aufl., Opladen 1990

Förschle, G., Kroner, M., Mandler, U.: Internationale Rechnungslegung: US-GAAP, HGB und IAS, 2. Aufl., Bonn 1996

Fuchs, E., Neumann-Cosel, R. v.: Kostenrechnung, 6. Aufl., München 1988

Hänssler, K.H., u.a.: Management in der Hotellerie und Gastronomie, 2. Aufl., München, Wien 1998

Heinen, E.: Industriebetriebslehre als entscheidungsorientierte Unternehmensführung, in: Industriebetriebslehre, hrsg. v. E. Heinen, 9. Aufl., Wiesbaden 1991, S. 1-71

Heinen, E., Dietel, B.: Kostenrechnung, in: Industriebetriebslehre, hrsg. v. E. Heinen, 9. Aufl., Wiesbaden 1991, S. 1157-1313

Hinterhuber, H.H., Krauthammer, E.: Leadership – Mehr als Management, Wiesbaden 1997

Holleis, W.: Controlling in der Hotellerie, Bern u.a. 1993

Hopfenbeck, W.: Allgemeine Betriebswirtschafts- und Managementlehre, 11. Aufl., Landsberg a.L. 1997

Horváth, P.: Controlling, 6. Aufl., München 1996

Jennings, K., Westfall, F.: Benchmarking for Strategic Action, in: The Journal of Business Strategy, May/June 1992, Vol. 13/No. 3, S. 22-25

KPMG (Hrsg.): Rechnungslegung nach US-amerikanischen Grundsätzen, Berlin 1996

Kunz, B.R.: Hotel-Rechnungswesen, 4. Aufl., Bern, Stuttgart 1986

Leiderer, W.: Kennzahlen zur Steuerung von Hotel- und Gaststättenbetrieben, 4. Aufl., Band 2 der Schriftenreihe Hotel- und Restaurant-Management der Fachhochschule München, Stuttgart 1995

Martinek, M.: Moderne Vertragstypen, Band II: Franchising, Know-how-Verträge, Management- und Consultingverträge, München 1992

Maschke, J., Möller, A., Scherr, S.: Hotel-Betriebsvergleich 1995, München 1997

Meffert, H.: Marketing: Grundlagen der Absatzpolitik, 8. Aufl., Wiesbaden 1998

Meffert, H., Bruhn, M.: Dienstleistungsmarketing, 2. Aufl., Wiesbaden 1997

Meyer, A., Westerbarkey, P.: Zufriedenheit von Hotelgästen – Entwurf eines selbstregulierenden Systems, in: Kundenzufriedenheit, hrsg. v. H. Simon und C. Homburg, Wiesbaden 1995, S. 389-402

Pepels, W.: Praxiswissen Marketing, München 1996

Perridon, L., Steiner, M.: Finanzwirtschaft der Unternehmung, 9. Aufl., München 1997

Preißler, P.R. (Hrsg.): Controlling, 6. Aufl., Landsberg a.L. 1996

Schaetzing, E.E.: Management in Hotellerie & Gastronomie, 5. Aufl., Frankfurt a.M. 1996

Schaetzing, E.E.: Checklisten für das Hotel- und Restaurant-Management, 4. Aufl., Landsberg a.L. 1996 (a)

Schaetzing, E.E.: Qualitätsorientierte Marketingpraxis in Hotellerie und Gastronomie, 3. Aufl., Band 2 der Schriftenreihe Hotel- und Restaurant-Management der Fachhochschule München, Stuttgart 1997

Schaetzing, E.E., Englisch, K.: Fachwörterbuch für Hotellerie & Gastronomie, 4. Aufl., Frankfurt a.M. 1994

Schmidgall, R.S.: Managerial Accounting, 3. Aufl., East Lansing 1995

Seitz, G.: Hotelmanagement, Berlin u.a. 1997

Töpfer, A.: Benchmarking, in: WiSt (26. Jg.), Heft 4, April 1997, S. 202-205

Tormyn, G., Große-Boymann, A.: Gaststätten- und Hotelrecht, Frankfurt a.M. 1996

Watson, G.H.: Benchmarking, Landsberg a.L. 1993

Wöhe, G.: Einführung in die Allgemeine Betriebswirtschaftslehre, 19. Aufl., München 1996

Wörner, G.: Handels- und Steuerbilanz nach neuem Recht, 5. Aufl., Landsberg a.L. 1998

Wolfert, K.-J.: Buchführung für das Hotel- und Gaststättengewerbe, 3. Aufl., Rinteln 1995

Stichwortverzeichnis

Abschreibungen	29
Abschreibungen auf Finanzanlagen	29
Abschreibungen auf Wertpapiere des Umlaufvermögens	29
Abweichungsanalyse	104
American Institute of Certified Public Accountants	36
Amortisationsrechnung	88
Anhang	22
Anlagendeckungsgrade	63
Anlagenintensität	62
Anlagevermögen	4, 20
Assets	38
Aufwand	16
Ausgabe	16
Äußerer Lesewiderstand	136
Außerordentliche Aufwendungen	29
Außerordentliche Erträge	29
Auszahlung	15
Average Room Rate	69
Balance Sheet	38
Belegungsquote	68
Beliebtheitsgrad einer Speise	74
Benchmarking	140
Benchmarkingprozeß	141
Beschwerdemanagement	132
Bestandsgröße	15
Betriebserfolg	19
Betriebsergebnis I	7, 60, 104
Betriebsergebnis II	60
Bilanz	20
Bilanzsumme	21
Bottom-up-Verfahren	100
Branchenübergreifendes Benchmarking	141
Buchführung	20
Budgetierung	100
Budgetierungsprozeß	102
Budgetkontrolle	104
Cash Flow	65

Checklisten-Technik 110
Comparability 37
Consistency 37
Controlling 1
Corporate Behaviour 9
Corporate Communication 9
Corporate Design 9
Corporate Identity 8
Current Assets 39
Decision Usefulness 37
Deckungsbeitrag 57, 91
Deckungsbeitrags-Flußrechnung 90
Departmental Statements 43
Differenzierte Marktbearbeitung 10
Direkte Umlagemethode 53
Distributionspolitik 12
Doppelbelegungsrate 68
Durchschnittliche Aufenthaltsdauer 71
Durchschnittlicher Hotelzimmerpreis 69
Dynamische Investitionsrechenverfahren 85
Effektive Öffnungszeit 74
Eigenkapital 21, 25
Eigenkapitalquote 62
Einnahmen 16
Einzahlung 15
Einzelkosten 46
Entlastungsfunktion 23
Erfolgswirtschaftliche Sichtweise 19
Ergänzungsfunktion 23
Ergebnisbudgetierung 103
Ersatzinvestition 84
Ertrag 16
Erträge aus anderen Wertpapieren 29
Erträge aus Ausleihungen des Finanzanlagevermögens 29
Erträge aus Beteiligungen 29
Erweiterungsinvestition 84
Expenses Dictionary 43
Externes Rechnungswesen 14
Filialsystem 7
Financial Accounting Standards Board 36
Financial Analysis 43

Financial Statements 42
Finanzanlagen 24
Finanzinvestitionen 84
Finanzwirtschaftliche Sichtweise 19
Fixed Charges 43, 48
Fixkosten 4, 46
Fixkostendegressionseffekt 6
Flüssige Mittel 24
Forderungen 24
Fragebogen 136
Franchisesystem 7
Fremdkapital 21
Gästezufriedenheit 133
Geldvermögen 16
Gemeinkosten 47
Gemeinkostenbudget 108
Gemildertes Niederstwertprinzip 23
Gesamtkostenverfahren 22
Gesamtvermögen 16
Gewinn- und Verlustrechnung 22
Gewinninstabilität 4
Gewinnrücklage 25
Gewinnvergleichsrechnung 86
Gewinnvortrag 25
Gezeichnetes Kapital 25
Gründungsinvestition 84
Höchstwertprinzip 23
Hotelbetriebsvergleiche 75
Hotel-Controlling 2
Hotelkonzern 5
Hotelkooperation 5
Hotelqualität 13
Immaterielle Investitionen 84
Immaterielle Vermögensgegenstände 24
Innerer Lesewiderstand 136
Internes Benchmarking 140
Internes Rechnungswesen 14
Interpretationsfunktion 22
Investitionsarten 84
Investitionsentscheidungen 83
Investitionsentscheidungsprozeß 83

Istkostenrechnung ... 48
Jahresabschluß ... 20
Jahresabschlußanalyse ... 35
Jahresergebnis ... 25
Jahresfehlbetrag ... 25
Jahresüberschuß ... 19, 25
Kalkulatorische Zinsen ... 85
Kapitalrücklage ... 25
Kapitalwertmethode ... 88
Kennzahlen des Gesamtunternehmens ... 60
Kennzahlenanalyse ... 60
Kombinationsverfahren ... 100
Kommunikationspolitik ... 9, 12
Korrekturfunktion ... 22
Korrelationskoeffizient ... 122
Korrelationsmessung ... 122
Kosten ... 16, 44
Kostenarten ... 46
Kostenartenrechnung ... 50
Kostenbudgetierung ... 103
Kostenrechnung ... 44
Kostenrechnungssysteme ... 48
Kostenstelle ... 46
Kostenstelleneinzelkosten ... 47
Kostenstellengemeinkosten ... 47
Kostenstellenrechnung ... 50
Kostenträgereinzelkosten ... 47
Kostenträgergemeinkosten ... 47
Kostenträgerrechnung ... 50
Kostenvergleichsrechnung ... 85
Kovarianz ... 123
Kreditkartenanteil ... 71
Kundenzufriedenheit ... 133
Lebenszykluskurve ... 131
Leistung ... 16
Liabilities ... 40
Liquidität ... 19
Liquiditätsgrade ... 64
Management Accounting ... 2
Managementvertrag ... 7
Marketing ... 11

Marketing-Mix	11
Marktbearbeitungsstrategie	10
Materialaufwand	29
Mathematische Methode	53
Mengenabweichung	104
Methode der kleinsten Quadrate	125
Mittelwert	120
Niederstwertprinzip	23
Non-Current Assets	39
Normalkostenrechnung	48
Notes	40
Nutzwertanalyse	118
Operated Departments	42
Operatives Controlling	20
Operatives Hotel-Controlling	2
Pachtvertrag	7
Pagatorischer Kostenbegriff	45
Personalaufwand	29
Plankostenrechnung	49
Portfolio-Analyse	129
Positionierung	11
Preisabweichung	104
Preispolitik	12
Pre-Test	136
Privathotel	5
Produktlebenszyklusbetrachtung	131
Produktlebenszykluskurve	131
Produktpolitik	12
Profit Center	42
Qualität	13
Qualitätsmodell	13
Rechnungsabgrenzungsposten	24, 26
Rechnungswesen	14
Recording Financial Information	43
Regressionsrechnung	124
Reiner Mengeneffekt	96
Relevance	37
Relevante Kosten	48
Reliabilität	136
Reliability	37
Rentabilitätsrechnung	87

Repräsentativität	136
Reservierungsquote	69
ROI-Analyse	67
ROI-Kennzahlensystem	67
Rückstellung	25, 40
Sachanlagen	24
Sachinvestitionen	84
Sample Set of Uniform System Statements	43
Securities and Exchange Commission	35
Segment-of-one-approach	11
Selbständig agierendes Privathotel	5
Selbstfinanzierung	21, 25
Selbstfinanzierungsgrad	63
Service Center	42
Service Map-Analyse	119
Skalierung	136
Sonstige betriebliche Aufwendungen	29
Sonstige betriebliche Erträge	29
Sonstige Steuern	30
Sonstige Vermögensgegenstände	24
Standardabweichung	121
Statement of Cash Flows	40
Statement of Changes in Stockholders' Equity	40
Statement of Income	40
Statische Investitionsrechenverfahren	84
Statistische Auswertungen	120
Steuern vom Einkommen und vom Ertrag	30
Stockholders' Equity	40
Stornierungsrate	69
Strategische Früherkennung	128
Strategische Grundausrichtungen	10
Strategisches Controlling	128
Strategisches Hotel-Controlling	3
Strenges Niederstwertprinzip	23
Stromgröße	15
Struktureffekt	96
Stufenmethode	53
Teilkostenrechnung	49, 56
Top-down-Verfahren	100
Umlaufvermögen	20
Umsatzbudgetierung	102

Umsatzerlöse ... 29
Umsatzkostenverfahren ... 22
Umsatzrentabilität ... 66
Undifferenzierte Marktbearbeitung ... 10
Undistributed Operating Expenses ... 43, 48
Uniform System of Accounts for the Lodging Industry ... 41
Unternehmenserscheinungsbild ... 9
Unternehmensformen ... 5
Unternehmenskommunikation ... 9
Unternehmensleitbild ... 9
Unternehmensverhalten ... 9
US-GAAP ... 35
Validität ... 136
Variable Kosten ... 46
Verbindlichkeit ... 26
Verlustvortrag ... 25
Vollkostenrechnung ... 49, 51
Vorräte ... 24
Vorsichtsprinzip ... 24
Wareneinsatzquote ... 73
Wertpapiere ... 24
Wettbewerbsorientiertes Benchmarking ... 141
Working Capital ... 65
Yield ... 70
Zahlungsmittelbestand ... 15
Zero-Based-Budgeting ... 108
Zielgruppenorientierung ... 11
Zinsen und ähnliche Aufwendungen ... 29
Zuschlagsatz ... 53